아이들이 주인공이 되는 IB교육

-팔레트 선생님의 아틀리에가 실천하는 IB 교육-

아이들이 주인공이 되는 IB 교육

팔레트 선생님의 아틀리에가 실천하는 IB 교육

김재신 · 이경은 · 정정미 · 정은미 공저

학지사

추천사 1

김재신 선생님을 처음 알게 된 것은 우연히 가게 된 한 IB 월드스쿨의 공개 수업에서였습니다. 4학년 아이들이 과학의 원리를 이용해 발명품을 만드는 탐구를 하고 있었는데, 그 탐구가 전개되는 방식이 정말 놀라웠습니다. 누군가 개입해서 탁 물꼬를 터 주지 않았다면 결코 가능했을 것 같지 않은, 그렇다고 선생님의 지도가 전면에 나서거나 보이는 것도 아닌 그 미묘하고 섬세한 안내 속에 아이들은 신나게 몰입하고 있었고, 꽤 수준 높은 과학의 아이디어를 발명품에 담아내며 서로 협력하고 있었습니다. 사실 그 아이들의 전반적인 학업 성취도가 그렇게 높지 않다는 것을 알고 있는 저로서는 이렇게 수행하기까지 정말 치밀하게 안내하는 선생님의 역할이 있다는 것을 짐작할 수 있었고, 그 선생님이 바로 김재신 선생님이라는 것을 알게 된 것은 오래되지 않습니다.

이 경험이 제게 인상적으로 남았던 것은 단지 아이들의 뛰어난 성취를 가능하게 하는 교사였기 때문만은 아닌 것 같습니다. 동시대 교육학자 거트 비에스타(Gert J. J. Biesta)는 '학습'을 '가르침'이라는 개념과 구분하며, 학습은 아이들 스스로 수행할 수 있는 차원에서 말해지는 용어지만 가르침은 교사와 학생의 '관계'에서 일어나는 것이며 그 선생님을 만나지 않았다면 결코 만나지 못했을 세계를 제시하는 것이라고 말한 바 있습니다. 이러한 비에스타의 가르침의 의미에 대한 재조명은 언제

어디서든 배울 수 있는 이 시대에 교사의 존재가 여전히, 혹은 과거보다 오히려 더 왜 필요한지 말해 주고 있습니다. 저는 김재신 선생님의 가르침이 바로 아이들에게, 이 선생님을 만나지 않았다면 열리지 않았을 그 가치 있는 세계를 전해 준다고 생각합니다.

어떤 아이들은 처음으로 정돈되고 질서 잡힌 자신의 생활을 경험해 보기도 하고 어떤 아이들은 한 번도 본 적 없던 자신의 아이디어가 꽤 괜찮은 방식으로 구체화된 결과물을 다른 사람들 앞에 전시하기도 합니다. 자신의 변화를 가시적으로 보는 것만큼 자기 존중을 배워 가는 귀한 교육적 경험은 없을 것입니다. 김재신 선생님은 아이들이 자신의 사고의 힘과 질서 속에서 스스로를 더 나은 방식으로 느낄 수 있도록 그 변화의 국면을 만들어 가고 있습니다. 물론 그 변화가 있기까지 촘촘하게 아이들을 관찰하고 마음을 쏟는 선생님의 보살핌이 있다는 것은 우리 모두 예상할 수 있을 것이며, 그 일련의 과정은 아마도 이 책에서 일정 부분 확인하실 수 있을 것입니다. IB 프레임워크는 선생님의 수업에 대한 통찰을 또 다른 방식으로 꽃피우게 하는 좋은 도구가 되었다고 생각합니다.

이러한 김 선생님의 열정은, 그 어느 때보다 교사의 사기가 저하되고 교권과 관련한 이슈가 우리를 낙담시키는 오늘날 어떤 빛을 밝혀 줍니다. 그는 왜 이렇게 열정을 쏟는 것일까요? 물론 거기에는 앞으로 자라나 사회에서 한 사람의 몫을 하길 바라는 아이들에 대한 김재신 선생님의 사랑이 깔려 있을 것입니다. 그러나 저는 아이들의 사고의 힘을 키워 주는 데서 오히려 아이들 자신보다 김재신 선생님의 기쁨을 봅니다. 즉, 한 사람의 교사로서 학교에서 어떻게 존재해야 하는가 하는 질문이 교사들에게 절박하게 던져진 오늘날, 선생님의 모습은 살아 있는 방식으로 학교에 존재한다는 것이 어떤 것인지 우리에게 깊은 영감을 줍니다. 이 책은 고되지만 무엇과도 바꿀 수 없는 그 기쁨을 공유하고 권하고 싶은 팔레트 선생님의 마음인 듯합니다. 함께 나눌 수 있으면 좋겠습니다.

대구교육대학교 교육학과 교수

최진

추천사 2

지금 우리의 교실은 진짜 배움으로 숨 쉬고 있을까요?

김재신 선생님이 답하고 이경은, 정정미, 정은미 선생님이 배운 것을 실천한 구조로 쓰인 『아이들이 주인공이 되는 IB 교육』은 방금 제시한 질문에 현실적인 답을 제시합니다. 이 책은 단순한 이론서가 아닙니다. 교실에서의 실제 경험을 토대로 학생이 스스로 배우고 성장하는 힘을 길러 주는 교육의 본질을 탐구합니다.

저자들은 각자의 교실에서 부딪히고 깨닫고 성장해 온 이야기를 담담하게 들려줍니다. 탐구학습을 설계하고 실천하는 과정에서 교사와 학생이 함께 변해 가는 모습은 그 자체로 배움의 드라마입니다. 책을 읽다 보면 독자 역시 교사로서의 자신을 돌아보게 됩니다.

이 책의 진정한 가치는 '탐구'를 수업의 기법이 아닌 '삶의 태도'로 바라보는 데 있습니다. 학생들이 질문을 던지고 스스로 의미를 찾아가며 다시 세상을 향해 자신만의 관점을 세워 나가는 과정은 교육이 지향해야 할 궁극의 모습입니다. 저자들은 그 여정을 화려한 언어가 아닌 구체적 실천으로 보여 줍니다.

'탐구를 디자인하라'는 교사에게 용기와 방향을 동시에 제시합니다. 배움을 완성하는 것은 교사가 아니라 학생이라는 사실을 잊지 않으려는 모든 이에게 이 책은 다시금 교실의 중심을 '사람'에게 돌려놓는 소중한 나침반이 될 것입니다.

가장 깊은 울림을 주는 것은 저자들의 끈기와 진심입니다.

저자들은 단순한 방법론을 넘어 교육자로서의 열정과 회복탄력성의 중요성을 보여 줍니다. 교실에서 마주하는 어려움 속에서도 끊임없이 도전하고 성찰하며 교육의 본질을 놓지 않으려는 그들의 태도는 독자에게 깊은 영감을 줍니다. 이 책을 통해 우리는 진짜 배움이란 교사가 완벽해서가 아니라 포기하지 않고 배우려는 마음에서 비롯된다는 사실을 다시금 깨닫게 됩니다. 저자들의 실천은 우리 모두에게 교육이 여전히 희망의 언어임을 상기시켜 줍니다. 이 책이 제시하는 진짜 배움의 가치와 교육 혁신을 향한 저자들의 헌신적인 노력에 깊은 존경과 지지를 보냅니다.

California State University, Los Angeles 사범대학 교수

렉시 황(Lexi Hwang)

프롤로그

교사로서 오랜 시간 고민해 왔습니다.

어떻게 하면 아이들이 몰입하고 감탄하는 수업을 만들 수 있을까. 어떻게 하면 더 완성도 높은 수업을 보여 줄 수 있을까.

하지만 시간이 흐르면서 깨달았습니다. 수업의 본질은 보여 주는 것이 아니라 자라나게 하는 것이라는 사실을요. 화려한 수업은 잠시의 감탄을 남기지만 학생의 주도성은 평생의 힘이 됩니다.

이 책은 바로 그 주도성의 성장 과정에 대한 기록입니다. 겉으로 보기엔 탐구수업의 형태를 다루는 책처럼 보이지만 그 안을 들여다보면 훨씬 더 근본적인 질문을 담고 있습니다. 아이들이 스스로 탐구할 수 있는 힘은 어디서 오는가. 교사는 그 힘을 어떻게 길러 줄 수 있는가. 저는 그 해답을 교실 속에서 찾았습니다.

학생들의 주도성은 단지 자유로운 분위기에서 생기는 것이 아닙니다. 주도성은 교사의 세밀한 설계와 지속적인 피드백 그리고 신뢰 속에서 만들어집니다. 교사는 아이들의 생각을 존중하면서도 그들이 스스로 성장할 수 있도록 비계를 세워 주는 사람입니다. 저는 이 책에서 그런 비계 설정의 실제 사례와 단계 그리고 교사로서의 모델링 방법을 구체적으로 소개했습니다.

이 책을 통해 전하고 싶은 것은 거창한 수업 기술이 아닙니다. 오히려 기초를 다지는 힘입니다. 주도적인 학습이 가능하려면 아이들이 탐구의 기본기를 익히고 자기 생각을 표현할 수 있는 언어와 태도를 갖춰야 합니다. 그 힘이 바로 제가 말하는 탐구 근력입니다. 탐구 근력은 단순한 학습 기술이 아니라 배움을 지속할 수 있는 내면의 체력과도 같습니다.

저는 화려한 수업보다 그런 기본이 잘 세워진 교실을 더 아름답다고 생각합니다. 학생들이 각자의 속도로 질문을 던지고 교사는 옆에서 그 과정을 지켜보며 작은 피드백으로 길을 밝혀 주는 교실. 겉으로는 조용하지만 그 안에서는 생각이 부딪히고 의미가 자라납니다. 저는 그 느리고 단단한 과정을 믿습니다.

이 책은 그런 신념으로 쓰였습니다. 교사로서 제가 바라본 배움의 본질과 그 본질을 실천하기 위해 쌓아 온 수업의 언어들이 담겨 있습니다. 화려하지 않아도 좋습니다. 대신 진심이면 충분합니다. 아이들이 스스로 사고하고 탐구하는 교실. 교사가 조용히 물러나도 배움이 이어지는 교실. 이 책에 담긴 저의 희망이 여러분에게도 작은 울림으로 다가가길 바랍니다.

멘티 이경은, 정정미, 정은미 이야기

미지의 IB 교육, 설렘과 두려움 속에 김재신 선생님을 만났다. 어둠 속 등불처럼, 망망대해의 등대처럼, 스승을 갈망하던 우리에게 그는 탐구 교육의 나침반이었다.

전국 초등 및 유아 교육자들의 열정적인 모임 'IBeyond'. 혁신을 꿈꾸는 전문가들은 서로의 경험을 나누며 IB 교육에 대한 갈증을 해소하고자 했다. 특히 스승에 대한 간절함은 메마른 땅에 단비를 기다리는 마음과 같았다.

그러던 중 'IBeyond' 초대 회장 이경은 선생님의 후기가 우리의 시선을 사로잡았다. 집요함을 넘어선 깊이와 정성을 지닌 김재신 선생님에 대한 극찬 그리고 한 장의 사진.

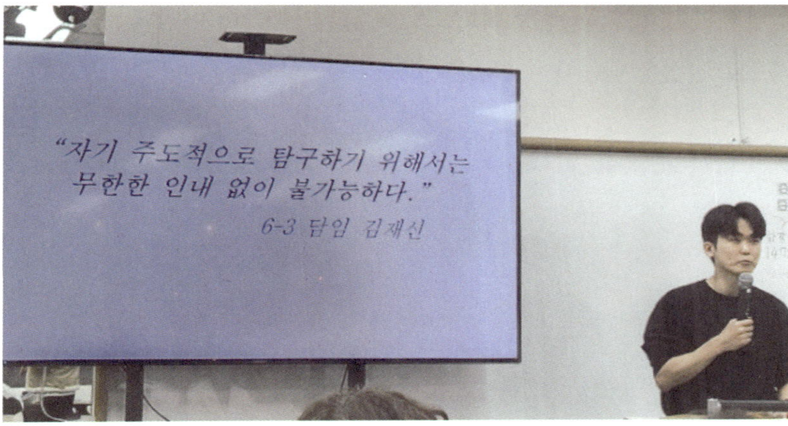

"자기주도적으로 탐구하기 위해서는 무한한 인내 없이는 불가능하다."

그 짧은 문장이 우리의 마음을 움직였다. 새로운 스승, 김재신 선생님과의 만남은 그렇게 시작되었다.

짧지만 강렬한 문장, "자기주도적 탐구에는 무한한 인내가 필수적이다."라는 말은 망치처럼 우리의 뇌리를 강타했다. 유레카! 퍼즐의 마지막 조각을 찾은 듯, 우리가 IB를 하는 이유를 깨달았다. 단순한 지식 전달이 아닌, 스스로 질문하고 답을 찾는 여정, 그 과정에서 겪는 어려움을 이겨 내고 얻는 희열. 그것이 바로 IB 교육의 가치였다.

우리는 IB 교육을 처음 접하는 이들에게 이 진실을 알려야 한다고 결심했다. 용기를 내어 팔레트 김재신 선생님을 찾아가 간절한 마음을 전했고, 마침내 IB 학부모 대학의 초대 선생님으로 모시게 되었다. 어둠

속 등대처럼, 김재신 선생님은 학부모들에게 IB 교육의 철학과 가치를 제대로 이해하도록 이끌었다.

이 만남을 시작으로, 우리는 김재신 선생님의 공개 수업과 강의를 좇아다니며 배움에 대한 열정을 불태웠다. 꼼꼼한 성찰일기와 김재신 선생님과의 깊이 있는 성찰 대화, 그 소중한 기록들이 마침내 이 한 권의 책으로 결실을 맺는다.

차례

제 2 부 탐구의 싹 키우기: 습관과 문화 디자인

제 3 부
IB 교육: 모두를 위한 교육인가

제 4 부
실천으로 말하는 IB: IB가 열어 준 삶의 방향들

아이들이 주인공이 되는 IB 교육

제 1 부

탐구 씨앗 심기:
교실 문화 일구기

제1장

탐구 교실 만들기: 수업의 철학 세우기

1. 수업 디자인 철학: 무한한 인내의 코드

2025년 7월, IB World School의 한 교실. 곧 다가올 방학을 앞둔 아이들의 설렘이 가득한, 살아 숨 쉬는 IB 탐구의 밭. IB 교육을 실천하는 우리 저자 3명은 최고의 전문가 김재신 선생님의 교실을 찾았다. 강의와는 차원이 다른 생생한 현장의 숨결을 느끼고, IB 탐구의 모든 기술을 배우기 위해서.

문을 열고 들어선 순간, 김재신 선생님의 교실은 또 다른 모습으로 변모해 있었다. 끊임없이 변화하고 성장하는 IB 탐구의 역동성을 고스란히 보여 주는 모습에 감탄하며, 우리는 김재신 선생님에게 조심스럽게 질문을 던졌다.

"선생님, 탐구적인 교실 문화를 만드는 것이 이상적으로는 너무나 좋지만, 현실적으로 유치원 아이들이나 초등학교 저학년 학생들은 아직 어리고 집중력도 떨어집니다. 아이들이 스스로 질문을 만들어 내도록 이끌어 내는 것이 과연 가능할까요? 눈에 보이지 않는 탐구를 학생들의 내면에서 일어나게 하고, 그것이 교실의 문화가 되게 하는 선생님만의

[그림 1-1] 김재신 선생님의 교실

비결은 무엇인지 너무 궁금합니다."

김재신 선생님은 잠시 생각에 잠겼다가, 따뜻하면서도 단호한 어조로 답변을 시작하였다.

"선생님들의 걱정은 당연합니다. 하지만 어린아이라고 해서 탐구 능력이 떨어지는 것은 아닙니다. 오히려 아이들은 세상에 대한 호기심이 가장 왕성한 시기입니다. 핵심은 아이들의 수준에 맞는 방식으로 탐구를 유도하는 것입니다."

그 답변은 우리에게 깊은 깨달음을 주었다. 아이들의 탐구 가능성을 폄하하지 않고, 그들의 호기심을 긍정하며, 수준에 맞는 방식으로 탐구를 유도하는 것. 그 단순하면서도 명확한 원칙은 우리가 앞으로 나아가야 할 방향을 제시해 주었고, 탐구적인 교실 문화를 만들겠다는 이상을 현실로 만들어 나갈 수 있다는 희망을 불어넣어 주었다.

"매해 열심히 하지만, 가르치면 가르칠수록 오히려 제가 더 많이 배웁니다. '아, 이 정도면 충분하겠다.' 싶다가도, 내년에 같은 주제로 수업을 하려고 하면 부족했던 점들이 눈에 띄고 수정해야 할 부분들이 떠오릅니다. 아이들 한 명 한 명의 개성이 다르고, 성향이 다르기 때문에 수준 또한 천차만별입니다."

특히 도움이 필요한 아이들이 많아지면서 어떻게 하면 이 아이들에게 더 많은 도움을 줄 수 있을지 끊임없이 고민했다고 털어놓았다.

김재신 선생님은 모든 아이를 똑같이 대하는 것이 공정함이 아니라, 각자의 상황에 맞는 맞춤형 지원을 제공하는 것이 진정한 교육이라는 신념을 가지고 있다.

그는 기본이 갖춰지지 않은 상태에서의 화려한 수업 기술이나 실적에만 치중하는 것은 본질을 흐리는 것이며, 끊임없는 자기 연마와 학습을 통해 기본을 다지는 것이 우선이라고 강조한다.

김재신 선생님의 성찰은 열정과 진심을 다해 수업에 임하는 교사의 고민을 담고 있다. 그의 태도는 때로는 강렬하고 직설적이지만, 그 이면에는 학생들을 향한 깊은 애정과 교육에 대한 진지한 고민이 자리 잡고 있다.

"어떻게 하면 모든 아이에게 의미 있는 교실을 만들어 나갈 수 있을까요? 교육자로서 늘 풀어야 하는 고민인 것 같아요."

멘티들의 성찰 타협하지 않는 완전 학습, 삶으로 이어지는 배움

이경은 타협하지 않는 완전 학습

"팔레트쌤, 어떻게 그렇게 한결같이 수업에 진심일 수 있으세요?"

교사로서, 시간에 쫓기며 수업과 타협하고 싶을 때가 많았다. 하지만 김재신 선생님은 완전학습을 강조하며, "아이마다 속도가 다르지만, 단 한 아이도 포기하지 않아야 진짜 수업"이라고 말한다. 분주한 일상에서도 수업만큼은 결코 타협하지 않으며, 아이 한 명 한 명의 눈길을 끝까지 따라가며 질문을 던지고 경청한다.

"아이가 한 번에 깨우치지 못하는 건 너무 당연해요. 중요한 건, 그때부터 어떻게 돕느냐죠. 배움에는 인내가 필수예요."

평준화의 늪에 휩쓸리지 않고, 단 한 명의 학생이라도 깊이 배우게 하는 것이 자신의 소명임을 잊지 않는다. 단 한 명이라도 성장할 수 있다면, 그 수업 한 시간 한 시간에 나 역시 더 많은 에너지를 쏟고 싶다.

정정미 지식을 넘어 삶으로 연결되는 교육

IB 교육의 본질은 지식을 넘어 삶의 태도와 연결되는 교육이라는 점에 깊이 공감한다. "모든 지식이 여기 교실에 머물지 않고 내 삶과 연계한다."라는 말은 IB 교육의 핵심 가치를 명확하게 드러낸다. 교실에서 배운 지식이 학생들의 삶과 연결될 때, 진정한 의미를 갖게 된다.

학생들은 평생 학습자로서 필요한 역량을 함양하도록 돕고, 학생들이 자신의 흥미와 관심사를 발견하고, 학습 목표를 설정하며, 학습 과정을 통해 성취감을 느낄 수 있도록 돕는 역할을 수행해야 한다.

정은미 **IB 교육이 가져다주는 삶의 변화**

IB 교육의 진정한 가치는 학생들에게 '넘어짐'과 '일어섬'의 경험을 선물하는 교육이라는 점에 다시 한번 깊은 감동을 받았다. 단순한 지식 전달을 넘어, 학생들이 어려움을 극복하고 성취감을 맛보는 경험을 통해 삶의 태도를 배우도록 돕는다는 선생님의 교육 철학은 제 마음속 깊이 와닿았다. 어려움을 극복하고 성취감을 느껴 본 경험은, 앞으로 닥칠 어떤 어려움에도 굴하지 않고 도전할 수 있는 용기와 자신감을 불어넣어 준다.

2. 탐구의 밭을 일구려면, 아이들의 소우주를 들여다보라

멘티의 질문

Q 이상과 현실 사이의 간극을 좁힐 수 있는 실질적인 조언을 부탁드립니다.

선생님들의 고민, 저도 너무나 잘 압니다. 하지만 꼼꼼한 교육 설계는 결코 현실과 동떨어진 이상이 아닙니다. 오히려 우리 아이들의 잠재력을 현실 속에서 최대한으로 끌어낼 수 있도록 돕는 나침반과 같은 존재입니다.

수업 노트를 활용하여 아이들이 길을 잃지 않도록 등대를 세워 두라

매일의 수업을 계획하는 수업 노트를 매년 씁니다. 매일 매차시 학습 문제와 과목, 수업에 필요한 필수 발문들을 미리 간략히나마 반드시 메모해 둡니다. 마치 아이들이 길을 잃지 않도록 등대를 세워 두는 것처럼 말이죠.

많은 분이 수업 노트를 씁니다. 하지만 수년에 걸쳐 습관화가 되는 것은 상당히 어려운 일입니다. 특히나 같은 학년을 중임하게 되는 경우, 교육과정에 대해 익숙하다고 생각하여 내일의 수업에 대해 구체적인 장면을 잘 계획하지 않게 됩니다.

하지만 수업이란 같은 차시라도 작년의 나와 올해의 내가 바라보는 관점과 수준이 다릅니다. 첫해에 그 수업을 하기 전 고민과 수업 후 어려움을 간단하게나마 기록한다면 그다음 해에 같은 학년을 맡게 될 때 더 나은 수업을 이끌어 낼 수 있는 도움이 됩니다. (자세한 내용은 제6장에서 설명하였습니다.)

[그림 1-2] 수업 노트

질문은 아이들의 생각에 날개를 달아 주는 도구이다

저는 아이들에게 던질 질문들을 마치 '보물 지도'처럼 미리 꼼꼼하게 준비해 둡니다.

"왜?"라는 질문 대신, "만약 ~라면?" "어떻게 하면 더 좋을까?" "무엇이 달라졌을까?"와 같이 열린 결말을 제시하는 질문을 활용하여 아이들의 창의적인 사고를 자극합니다.

아이들의 일상생활과 경험을 연결하는 질문을 통해 추상적인 개념을 구체적으로 이해하도록 돕습니다. 정답을 강요하는 질문 대신, 아이들의 다양한 생각을 존중하고 격려하는 질문을 통해 자신감을 심어 줍니다.

맞춤형 지원으로 빛나는 성장을 이끌라

질문을 어려워하거나 탐구에 참여하지 못하는 아이들을 보며 우리는 종종 막막함을 느낍니다. 하지만 기억해야 할 것은 모든 아이가 자신만의 속도와 방식으로 세상을 배워 나간다는 사실입니다. 6학년 3반 21명의 아이들, 겉모습은 모두 똑같아 보이지만, 그 속을 들여다보면 각자 다른 빛깔과 향기를 지닌 소우주와 같습니다. 아이들이 가진 고유한 개성을 존중하고 그들의 고유한 속도와 특별한 방식에 맞춰 맞춤형 지원을 제공하는 것이야말로 우리 교사들이 해야 할 중요한 역할입니다.

늘 적극적으로 참여하는 아이들은 눈에 띄지만, 소극적이거나 어려움을 느끼는 아이들에게 더욱 세심한 관심이 필요합니다. 우리는 그 어떤 아이도 탐구의 여정에서 낙오시켜서는 안 됩니다. 맞춤형 지원은 단순히 아이의 부족한 부분을 땜질하는 것이 아니라, 아이가 가진 무한한 가능성을 발견하고, 그 강점을 활짝 꽃피우도록 돕는 마법과 같습니다.

멘티들의 성찰 멈추지 않는 성장의 동력, 습관과 루틴

이경은 습관과 루틴, 성장의 디딤돌

IB 교육은 교사에게 끊임없는 자기 성찰과 발전을 요구한다. 이 과정을 통해 학생들의 요구를 세심하게 파악하고, 창의적이고 다채로운 수업 방식을 개발하며, 평가 방법도 새롭게 고민하는 일에 더 많은 노력을 기울이게 되었다.

아이들 교육에 있어서 가장 중요한 것은 **기초 습관과 루틴**이다. 아이들이 평생 사용할 수 있는 기초 역량을 키우는 것에 더 집중해야 한다. 아이들의 잠재력을 믿고, 그 가능성을 최대한 끌어내기 위한 습관과 루틴을 만들어 가야 한다.

정은미 꼼꼼한 계획, 수업의 질을 결정한다

김재신 선생님이 매일 수업을 치밀하게 계획하고, 발문까지 미리 준비하는 모습에서 진정한 전문가의 모습을 느꼈다. 꼼꼼한 계획이 수업의 질을 결정한다는 것을 깨달았다. 예전에는 수업 계획의 중요성을 무지하게 여겼지만, IB 교육과 만나면서 그 깊이를 깨달았다. 이제는 나도 선생님의 말처럼, 차근차근, 철저하게 준비하는 습관을 들이고 싶다.

수업의 질은 교사의 자기 성찰과 준비에서 비롯된다. IB 교육을 통해 수업에 대해 깊이 고민하고, 더 체계적이고 효과적인 방식으로 학생들과 만나는 법을 배운 덕에 내 수업이 조금씩 달라지고 있음을 느낀다.

정정미 습관, 아이들의 가능성을 꽃피우다

김재신 선생님을 존경하는 이유도 바로 그 **습관** 때문이다. 아침에 눈을 뜨자마자 글을 쓰는 습관, 하루를 시작하는 모든 활동이 결국 습관에서 비롯된다는 것을 깨달았다. 사람은 습관으로 시작해서 습관으로 끝나는 것 같다. 그리고 그 습관이 아이들의 과제 집착력, 끈기의 뿌리가 된다는 것을 알게 되었다.

선생님의 교실에서 만들어지는 모든 습관이 아이들에게는 정말 소중한 자산이 될 거라고 생각한다. 아이들이 처음 만나는 선생님은 유치원 교사이다. 그렇기 때문에 유치원 교사도 이러한 습관을 갖추면 수업에 큰 도움이 될 것이다. 따라서 유치원 교사들이 가장 먼저 선생님께 배워야 할 것은, 아이들에게 탐구에 필요한 기본 소양이 무엇인지 명확하게 정의하고, 그것을 습관으로 만들어 낼 수 있는 구체적인 행동의 길을 제시하는 것이라고 생각한다.

지금까지 아이들과 **탐구**라는 것을 제대로 생각해 본 적이 없었다. 하지만 아이들과 함께 탐구를 조금씩 해 보면서 제가 아이들의 가능성을 얼마나 무시하고 있었는지 깨달았다. 학업 능력이 뛰어난 아이들이 탐구 활동에서는 주춤하는 모습을 보이기도 하고, 평소 수업 시간에 전혀 참여하지 못했던 아이들이 탐구 활동에서는 숨겨진 능력을 발휘하는 것을 보면서 충격을 받았다. 앞으로 제가 아이들의 가능성을 믿고, 아이들에게 필요한 습관과 루틴을 만들어 줄 수 있도록 노력해야겠다. 아이들 시기, 정말 중요하다고 생각한다.

3. 존중과 경청의 토의 문화, 건설적인 대화를 위한 교사의 역할

멘티의 질문

Q **아이들에게 존중과 경청이 스며든 건설적인 토의 문화를 심어 주기 위해, 교사는 과연 어떤 역할을 해야 할까요?**

저는 아이들의 수업 태도를 그 무엇보다 중요하게 생각합니다. 단순한 지식 습득을 넘어 배움 자체를 사랑하는 마음, 즉 배우려는 의지와 탐구하려는 열정을 키우기 위해서입니다.

토의 문화는 배움의 자세를 꽃피우는 데 핵심적인 역할을 합니다. 교사는 토의 규칙을 세우고, 아이들이 서로의 의견을 경청하고 존중하도록 안내해야 합니다. 때로는 감정적인 다툼이 일어날 수 있습니다. 이때는 잠시 토의를 멈추고 감정을 다스리는 시간을 갖도록 하는 지혜가 필요합니다. 아이들이 자유롭게 자신의 생각을 표현하면서도 타인을 존중하는 태도를 기르도록 돕는 것이 핵심입니다.

존중과 경청이 흐르는 토의 문화는 마치 오케스트라와 같습니다. 각기 다른 악기들이 모여 아름다운 선율을 만들어 내듯, 아이들의 다양한 생각이 존중받고 서로의 이야기에 귀 기울이는 교실은 건설적인 대화가 꽃피는 기적의 밭이 됩니다.

토의는 아이들에게 말이라는 좁은 틀에 갇히는 것이 아니라 몸짓, 표정, 그림, 음악, 춤 등 자신만의 다채로운 언어로 생각을 자유롭게 표현하는 축제와 같습니다. 교사는 아이들이 서로의 다름을 인정하고 개성을 존중하는 따뜻한 분위기를 조성해야 합니다. 아이들의 이야기에 진심으로 귀 기울여 주고, 마음으로 공감하며, 다양한 표현 방식을 격려해야 합니다.

토의가 언쟁으로 변질될 위기에 놓일 때, 교사는 숙련된 선장처럼 아이들을 안전한 지대로 이끌어야 합니다. "잠시 숨을 고르고, 다시 이야기해 볼까요?"와 같이 아이들의 흥분된 마음을 진정시키는 마법의 주문을 건네는 것이 중요합니다. 토의 규칙을 정하고, 아이들이 서로의 의견을 존중하고 경청하도록 지도해야 합니다. 갈등 상황에서는 아이들의 이야기를 경청하고, 감정에 공감하며, 객관적인 시각으로 상황을 판단해야 합니다.

수업에서 모둠 활동을 지도할 때, 저는 투표나 자원신청제와 같은 방법을 통해 리더(이끔이)를 선출합니다. 리더는 멤버들의 의견을 수렴하고, 모두가 만족할 수 있는 합의점을 찾도록 돕는 조율사 역할을 수행합니다.

[그림 1-3] 토의하는 학생들

저는 아이들에게 입버릇처럼 말합니다. "모둠 발표 자료를 잘 만드는 것보다 분위기가 중요해. 긍정적인 분위기 속에서 모둠 활동을 해 보자!" 분위기가 실력을 좌우합니다. 서로를 존중하고 배려하는 긍정적인 분위기 속에서 아이들은 스펀지가 물을 흡수하듯 서로의 지혜와 경험을 흡수하며 놀라운 성장을 이뤄 낼 것입니다.

저는 매일 수업을 준비하면서, 아이들이 '오늘 무엇을 배우고 집에 가서 자신 있게 이야기할 수 있을지' 고민합니다. 아이들의 가능성을 믿고, 끊임없이 배우고 성장하는 자세를 유지하며, 아이들에게 긍정적인 영향을 미치기 위해 노력할 뿐입니다.

아이들에게 존중과 경청을 가르치는 것은 단순한 예절 교육이 아닌, 미래 사회를 살아갈 핵심 역량을 키워 주는 소중한 투자입니다. 아이들이 서로의 다름을 인정하고 함께 성장하는 탐구 공동체를 만들어 더 나은 세상을 만들어 갈 수 있도록 돕는 것이 바로 우리 교사들의 사명입니다.

저는 아이들에게 성공만을 강요하지 않습니다. 넘어지고 부딪히며 배우는 성장의 가치를 가르칩니다. 실패를 두려워하지 않고 새로운 도전에 용감하게 뛰어드는 아이들의 모습을 보면서, 교사로서 큰 보람을

[그림 1-4] **긍정적인 수업 분위기가 중요한 팔레트 교실**

느낍니다.

저는 아이들이 스스로 빛나는 존재가 되기를 바랍니다. 자신의 꿈을 향해 나아가는 아이들을 진심으로 응원하며, 그 여정에 함께하는 든든한 조력자가 되겠습니다. 저는 아이들이 세상에 긍정적인 영향을 미치는 사람으로 성장하도록 돕는 데 모든 힘을 쏟겠습니다.

다는 지적은 완벽주의 성향을 가진 우리 자신을 돌아보게 했다. 탐구는 정답을 찾는 과정이 아니라, 시행착오를 통해 배우고 성장하는 과정임을 잊지 않고, 완벽함에 대한 강박에서 벗어나 끊임없이 도전하는 자세를 가져야 함을 깨달았다.

김재신 선생님의 성찰은 우리에게 어제의 나보다 더 나은 오늘의 나를 만들어가기 위한 끊임없는 노력이 교사의 성장뿐만 아니라 학생들의 성장에도 긍정적인 영향을 미친다는 것을 가슴 깊이 새기게 해 주었다. 김재신 선생님의 성찰의 빛을 따라 나아가는 멘티로서, 우리 역시 끊임없이 배우고 성장하며 학생들의 삶에 긍정적인 영향을 미치는 교사가 되기 위해 노력할 것이다.

2. '질문'을 디자인하는 교사: 질문이 샘솟는 교실을 디자인하기

멘티의 질문

Q 어떻게 하면 아이들의 수준에 맞는 질문을 디자인하고, 아이들이 스스로 답을 찾도록 도울 수 있을까요?

교실은 정답을 암기하는 정지된 공간이 아니라, 끊임없이 질문하고 탐구하며 새로운 답을 창조하는 생동감 넘치는 실험실과 같습니다. 교사는 아이들에게 정답을 떠먹여 주는 지식 전달자가 아닌, 아이들의 숨겨진 생각을 섬세하게 이끌어 내는 질문 디자인 전문가가 되어야 합니다.

아이들의 생각을 이끌어 내는 질문 디자인은 마치 정원을 가꾸는 일과 같습니다. 씨앗의 종류에 따라 물과 햇빛의 양을 조절하듯, 아이들의 발달 단계와 흥미에 맞춰 질문의 난이도와 형식을 조절해야 합니다. 저학년 아동들에게는 추상적인 질문보다는 구체적인 질문, 폐쇄형 질문보다는 개방형 질문을 사용하는 것이 효과적입니다.

력과 독창적인 아이디어를 존중하고, 격려하는 것이 중요합니다. 질문을 던지기 전에, 아이들이 이미 알고 있는 것에 대해 이야기를 나누거나, 관련 자료를 제시하여 아이들의 흥미를 유발하는 것이 좋습니다. 마치 씨앗을 심기 전에 비옥한 토양을 만드는 과정과 같다고 할 수 있습니다.

아이들의 언어적 한계를 뛰어넘기 위해 직접적인 질문보다는 간접적인 질문을 적극적으로 활용해야 합니다. 그림을 보고 이야기를 나누거나 역할극을 통해 아이들이 자신의 생각을 자유롭게 표현하도록 돕습니다. "만약 ~라면?" "어떻게 하면 더 좋을까?" "무엇이 달라졌을까?"와 같이 열린 질문을 통해 아이들의 상상력과 창의력을 자극합니다. 아이들의 일상생활과 경험을 연결하는 질문을 통해 추상적인 개념을 구체적으로 이해하도록 돕습니다.

학생들에게 "왜?"라는 질문을 직접적으로 사용하는 것은 마치 어린아이에게 망치를 쥐여 주는 것과 같습니다. 지혜로운 연금술사는 "왜?"라는 질문을 아이들의 수준에 맞게 섬세하게 가공하여 새로운 도구로 재탄생시킵니다.

"왜?"라는 질문은 마치 숨겨진 보물을 찾는 열쇠와 같습니다. 아이들의 호기심이라는 나침반을 따라 "왜?"라는 질문을 던지는 순간, 아이들은 개념적 이해라는 깊은 바다속으로 자발적으로 빠져들게 됩니다.

제가 아이들에게 '가장 많이 하는 질문'은 "그것을 왜 그렇게 생각했니?"입니다. 아이들의 생각을 존중하고 그 이유를 경청하는 것은, 아이들이 스스로 답을 찾도록 돕는 가장 강력한 방법입니다.

질문을 디자인하는 교사는 아이들에게 지식을 전달하는 로봇이 아니라, 아이들의 마음을 어루만지고, 생각의 날개를 활짝 펼치도록 돕는 따뜻한 햇살과 같습니다. 아이들의 무한한 가능성을 믿고, 존중하며, 격려하는 진정한 교사가 되어야 합니다.

제3장
좌절을 딛고, 성장으로 피어나다: 긍정의 힘

1. 전문가의 성장통: 좌절을 넘어 성찰로

멘티의 질문

Q 교사는 어떻게 '겸손'이라는 '닻'을 내리고, 끊임없이 '배우는 자세'를 유지하며 '지속적인 성장'을 이뤄 낼 수 있을까요?

IB 수업, 마치 끝없이 펼쳐진 미지의 바다를 항해하는 것과 같습니다. 항해를 거듭할수록 오히려 '내가 더 모른다.'라는 깊은 무력감에 휩싸이곤 합니다. 이럴수록 늘 겸손한 자세로 자신을 성찰해야 합니다.

IB 학교에 오기 전에도 열심히 수업했다고 자부했습니다. 하지만 지금 돌이켜보면, 그때 썼던 지도안이나 PPT 자료는 미숙하고 엉성한 곳이 많아요. 중요한 것은 기본을 잊지 않는 것입니다. 교사는 끊임없이 IB 교육에 대한 철학적 탐구를 게을리하지 않고, 자신의 수업에 적극적으로 반영하려는 끊임없는 노력을 기울여야 합니다. 또한 오늘의 작은 성공에 일희일비하지 않고, 자신의 전체적인 성장 곡선을 객관적으로 바라보려는 넓은 시야를 가져야 합니다.

> 하면 할수록 익숙해지기보다는, 오히려 새로운 요소들이 계속해서 떠오르고, 해결해야 할 과제들이 머릿속에 맴돌죠.

마치 가면효과가 종종 무지의 단계를 넘어선 이들에게 찾아오는 자기 회의를 설명하듯이, 지식과 경험이 쌓일수록 '나는 전문가다.'라는 안일한 착각은 사라지고, 오히려 '나는 아직 더 배워야겠구나.'라는 자각이 짙어지는 것이죠.

아이들의 개성과 요구는 매년 다르고, 새로운 교육 이론과 방법론은 끊임없이 등장합니다. 선생님들은 이 모든 것을 따라잡기 위해 끊임없이 배우고 성장해야 하지만, 그 과정은 결코 순탄하지만은 않습니다. 식의 깊이를 더해갈수록 자신의 한계를 마주하게 되고, 이상과 현실 사이의 괴리는 더욱 크게 느껴집니다. '열심히 공부하면 할수록 더 늪에 빠지는 느낌'은 어쩌면 전문가라면 누구나 경험하는 성장통일지도 모릅니다.

저는 교실 상황에서 큰 벽을 느낄 때면 '일단 모르겠고 오늘 할 일부터 먼저 하자.'라는 담담한 다짐으로 현실을 직시합니다. 거대한 이상에 압도당하기보다는, 눈앞의 작은 과제에 집중하며 묵묵히 한 걸음씩 나아가는 것입니다.

이 좌절감에 굴복하지 않고 끊임없이 배우고 성장하려는 노력은 교사들을 더욱 단단하게 만들고, 궁극적으로 아이들에게 더 나은 교육을 제공할 수 있는 원동력이 됩니다. 끝없이 펼쳐진 배움의 바다에서 끊임없이 자신을 성찰하고 나아가는 교사들의 열정이야말로 우리 교육의 미래를 밝히는 등불이 된다는 것을 믿습니다.

2. 작은 성공에서 시작: 성취 경험 디자인하기

멘티의 질문

Q 아이들이 '좌절감'이라는 어둠을 극복하고, 다시 '도전'할 수 있도록 돕기 위한 '마법'은 없을까요?

좌절 극복의 핵심은 과정에 집중하는 것입니다. 결과에 대한 칭찬보다는 노력과 과정에 대한 칭찬을 통해 아이들이 성취감을 느끼도록 격려해야 합니다. 또한 아이들이 실패를 통해 배우는 경험을 하도록 유도하고, 실패를 긍정적으로 받아들이는 태도를 길러 주는 것이 중요합니다. 결국, 교사는 아이들의 작은 노력과 성장을 세심하게 관찰하고 격려해야 합니다.

아이들이 교육과정에서 좌절감을 느낄 때는 작은 성공 경험을 통해 자신감을 회복하도록 도와야 합니다. 교사는 아이들의 수준에 맞는 과제를 제시하고, 성취 가능한 목표를 설정하여 아이들이 작은 성공을 경험하도록 디자인해야 합니다. 마치 암벽 등반가가 쉬운 코스부터 차근차근 도전하여 정상에 오르는 것처럼, 아이들은 작은 성공을 통해 자신감을 얻고 더 어려운 과제에 도전할 수 있습니다.

아이들의 마음속 불씨를 되살리는 가장 강력한 연료는, 바로 작은 성공 경험입니다.

저는 아이들에게 수준 높은 결과물을 강요하지 않습니다. 다만, 자신이 할 수 있는 최선을 다하고, 포기하지 않는 끈기를 보여 주는 것을 중요하게 생각합니다. 아이들이 탐구를 통해 스스로 성장하고 발전하는 모습을 보면서 저는 교사로서의 큰 보람을 느낍니다.

저는 아이들의 주도성을 존중하며, 스스로 탐구 목표를 설정하도록 돕습니다. 아이들이 탐구의 방향을 스스로 결정하고, 자신만의 방식으로 문제를 해결하도록 이끌어 주는 것이죠. 물론, 아이들이 잘못된 방향으로 나아갈 때는 강압적으로 통제하기보다는, 부드러운 말과 섬세한 안내로 방향을 수정해 줍니다.

저는 매시간, 공개 수업을 준비하듯 꼼꼼하게 수업을 설계합니다. 아이들의 수준과 흥미에 맞는 다양한 활동을 준비하고, 필요한 자료를 제공합니다. 아이들이 탐구 과정에서 어려움을 느끼지 않도록 안전한 발판을 마련해 주는 것이죠.

3. 공감과 지지를 통해 용기 북돋아 주기

멘티의 질문

Q 아이들의 '여린 마음'을 '섬세하게 보듬어 주기' 위한 구체적인 방법은 무엇일까요?

좌절 극복의 핵심은 과정에 집중하는 것입니다. 결과에 대한 칭찬보다는 노력과 과정에 대한 칭찬을 통해 아이들이 성취감을 느끼도록 격려해야 합니다. 또한 아이들이 실패를 통해 배우는 경험을 하도록 유도하고, 실패를 긍정적으로 받아들이는 태도를 길러 주는 것이 중요합니다.

아이들의 마음은 마치 섬세한 꽃잎과 같습니다. 교사는 아이들의 마음을 섬세하게 보듬어 주고, 따뜻한 공감과 무한한 지지를 통해 다시 피어날 수 있는 용기를 불어넣어 주어야 합니다.

아이들의 마음에 진심으로 공감하기 위해서는 먼저 마음의 문을 활짝 열고 아이들의 세상으로 기꺼이 걸어 들어가려는 노력이 필요합니다.

저는 아이들과 교사의 관계를 마치 축구 선수와 감독의 관계로 비유하곤 합니다. 훌륭한 감독은 선수들의 실력을 향상시키는 것뿐만 아니라, 그들의 마음을 이해하고 지지하며 최고의 컨디션을 유지하도록 돕는 든든한 존재입니다.

아이들이 어려움을 겪을 때 그들의 감정에 공감하고 지지하는 것이 매우 중요합니다. 아이들의 마음을 섬세하게 보듬어 주고, 실패를 두려워하지 않고 다시 도전할 수 있도록 용기를 북돋아 주어야 합니다.

수업 시간에 어려움을 겪는 아이들과 강당에서 1대1 캐치볼을 하거나, 함께 종이 야구를 하는 등 친밀감을 형성하고 마음의 거리를 좁히려고 노력합니다. 아이들의 이야기에 귀 기울이고, 마음으로 공감하며, 진심 어린 조언을 건네는 것을 잊지 않습니다.

아이들의 마음을 섬세하게 보듬는 것은 기술이 아닌 진심에서 비롯됩니다. 아이들의 감정을 인정하고 존중하며 무조건적인 지지를 보내 주는 것이 아이들이 역경을 딛고 일어서는 강력한 힘이 되어 줄 것입니다. 사랑과 관심으로 아이들을 대하면 아이들은 선생님을 진심으로 따르고 마음의 문을 열어 선생님의 말에 귀 기울일 것입니다.

> 제가 아이들에게 요구하는 기준치는 높지만, 그럼에도 아이들을 이끌어 가야겠다는 동기 부여가 된 것은 제가 실패해 봤기 때문이라고 생각해요. 제가 고등학교 시절 완전히 바닥까지 실패해 봤기 때문에……, 제 삶에서 실패가 밑거름이 된다는 것을 깨달았기 때문에, 아이들에게 이 정도 실패가 위협적이지 않다는 것을 믿을 수 있습니다. 진정한 교육은 실패를 두려워하지 않고 끊임없이 도전하는 용기를 심어 주는 데 있습니다.

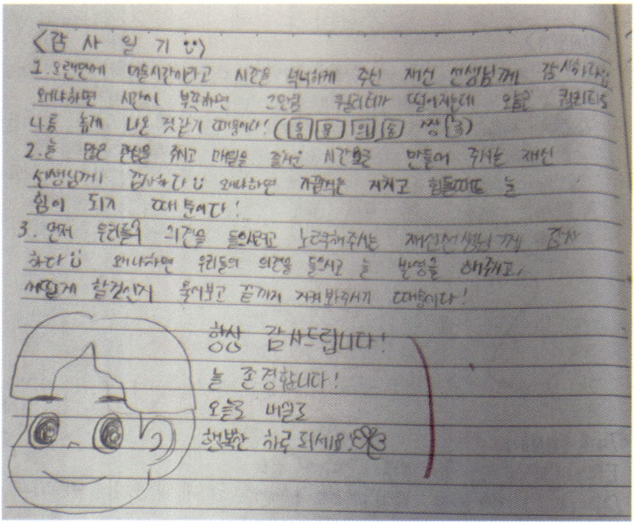

[그림 3-1] 긍정의 이야기가 담긴 학생의 감사일기

4. 넘어지고 부딪히며 배우는 성장

멘티의 질문

Q 아이들이 실패를 두려워하지 않고, 긍정적으로 받아들이도록 돕기 위한 교사의 역할은 무엇일까요?

인생은 마치 롤러코스터와 같다고들 하지요? 중요한 것은, 추락과 좌절에 압도되지 않고, 다시 일어설 수 있는 힘을 기르는 것입니다. 저는 아이들에게 실패를 두려워하지 말라고 끊임없이 강조합니다.

저는 외국어고등학교를 나왔습니다. 거기서 학업 면에서 엄청 큰 실패를 겪었어요. 하지만 그 쓰라린 실패를 통해 세상을 조금은 배운 것 같아요. 넘어지고, 부딪히고, 깨지면서 비로소 진정한 성장을 이룰 수 있다는 것을 깨달았습니다.

실패는 성장의 발판입니다. 실패를 통해 배우고 개선하는 과정을 통해 아이들은 더욱 강해집니다. 교사는 아이들이 실패를 긍정적으로 받아들이고 성장하는 경험을 할 수 있도록 도와야 합니다.

실패를 긍정적으로 받아들이도록 돕기 위해서는 교사 스스로가 실패에 대한 긍정적인 태도를 보여 주는 것이 중요합니다.

싫은 것을 해냈을 때, '내가 이거 힘들었는데 해냈어!' 하는 성취감과 행복감을 느끼는 것이지, 하고 싶은 것만 매일 했을 때는 행복하지 않다는 것입니다.

> 우리가 드라마나 영화를 볼 때 쾌감을 느끼는 순간은 주인공이 역경을 딛고 일어설 때잖아요. 저는 아이들이 오히려 적절한 부하를 통해 어려움을 이겨 낼 수 있는 근력을 키워 주고 싶어요. 그래서 아이들에게 적절한 부하를 주는 것을 주저하지 않습니다. 물론 지금은 힘들어하지만 결국에는 성취감을 느끼며 행복해할 거라고 믿어요.

저는 아이들의 잠재력을 믿고, 그들이 어떤 어려움에 직면하더라도 포기하지 않고, 자신만의 꿈을 향해 나아갈 수 있도록 끊임없이 격려하고 지지하고 싶어요. 아이들의 넘어짐을 외면하지 않고 손을 내밀어 함께 일으켜 세워 주는 그런 따뜻한 스승이 되려고 노력하고 있습니다.

핵심은 아이들이 스스로가 성장하는 것을 끊임없이 보고 느낄 수 있도록 지도하는 것입니다.

저는 아이들이 에세이 한 개를 쓰더라도 3~4시간 동안 고민하고 또 고민하여 탄탄한 글을 쓰도록 지도하고 피드백도 인공지능 플랫폼을 활용하여 이중으로 실시합니다. 따라서 아이들은 글이 점점 더 나아지

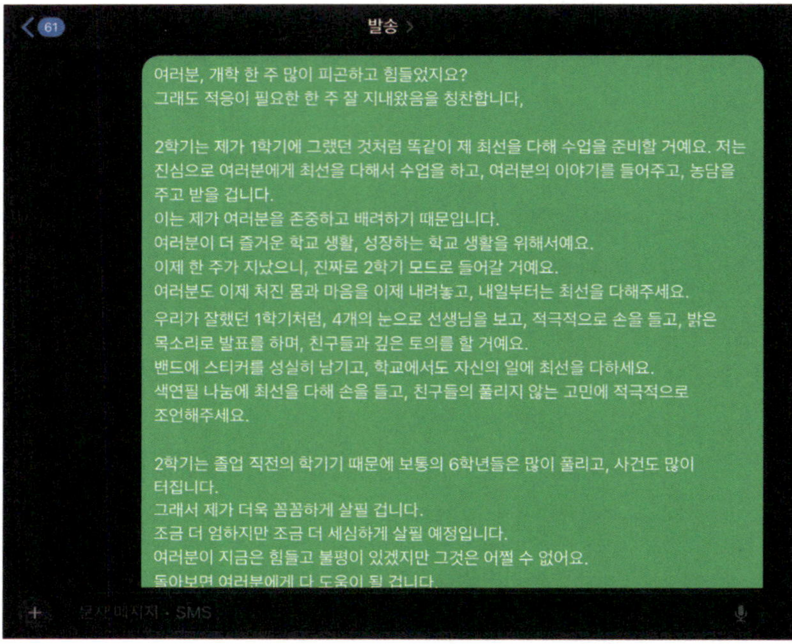

[그림 3-2] **학습의 어려움을 극복하길 격려하는 김재신 선생님**

는 것을 경험하게 됩니다. 요즘에는 인공지능이 글을 평가해 주는 플랫폼도 활용하죠. AI가 점수를 매기면 아이들은 그 점수가 올라가는 것을 보면서 성취감을 얻습니다. 즉각적인 피드백을 통해 아이들이 게임처럼 성장을 체감하도록 돕는 것입니다.

하나하나의 포인트를 짚어 주는 구체적인 피드백, 그리고 다음 단계로 나아갈 목표점을 명확하게 제시해 주는 것. 바로 그 지점에서 아이들은 '아, 나는 이런 부분을 통해 평가받는구나.'를 느끼고 위로받을 수 있다고 생각합니다. 인공지능 플랫폼을 활용하든 직접 쓴 피드백을 주든 핵심은 아이들이 자신의 성장을 명확하게 인지하고 긍정적인 자극을 받도록 돕는 것입니다.

저는 아이들에게 성적을 올려 주는 선생님보다 인생의 멘토가 되어 주는 선생님이 되기 위해 노력합니다. 아이들에게 '이 40분 또는 6시간을 통해 무엇을 배워서 집에 갈 수 있을지' 고민하고 '오늘 배운 내용을 자신 있게 이야기할 수 있도록' 돕기 위해 노력합니다.

아이들에게 지식을 강요하기보다는, 스스로 탐구하고 성장하는 힘을 기르는 것이 중요하다고 생각합니다. 강요된 지식은 쉽게 잊혀지지만

피드백 코멘트

종합적인 평가 글 전체의 구성, 명확성, 목표 달성 여부를 평가합니다.

80~90점

[평가 설명]
전체적으로 민주주의에 관한 내용을 체계적으로 잘 정리하고 있어서 주제가 명확해요. 그러나 정보량이 많아 흐름이 다소 복잡하고 중복적인 설명이 있어 독자가 내용을 따라가기 어렵게 만들어요.

[수정 제안]
1) 글의 구조를 좀 더 명확하게 정리하면 좋을 것 같아요. 예를 들어, 각 LOI(주제별 조사)마다 소제목을 추가해 주면 가독성이 높아질 것 같아요.

2) 복잡한 문장 대신 짧고 간결한 문장을 사용하는 것이 내용을 전달하는 데 도움이 될 거예요. 예를 들어, '4.19혁명이란 1960년 이승만 정부 당시 발생한 혁명이다.'를 '4.19혁명은 1960년 이승만 정부 시대에 발생한 사건이에요.'로 바꾸면 더욱 이해하기 쉽겠어요.

3) 과잉진압이나 폭력적인 사건에 대한 설명을 줄이고, 민주주의의 긍정적인 변화를 강조하는 것도 독자에게 긍정적인 메시지를 줄 수 있을 거예요.

주제의 충실성 주제에 대한 이해와 주제 관련 내용 처리를 평가합니다.

80~90점

[평가 설명]
주제인 민주주의에 대해 깊이 있는 탐구와 사례를 통해 잘 설명하고 있어요. 그러나 본문이 지나치게 길고 복잡해 가독성을 떨어뜨리는 경향이 있어요. 요약이나 주제별로 나누기만 해도 더 명확해질 거예요.

[수정 제안]
1) 글의 전반적인 구조를 재정리해 보세요. 여러 주제를 나루고 있다면 각 주제를 별도의 문단으로 나누고, 제목을 붙이면 독자가 정보의 흐름을 쉽게 따라올 수 있어요.

2) 각 역사적인 사건을 요약해 강조하면 좋을 것 같아요. 예를 들어, '4.19혁명의 시작' 부분을 간단히 요약하면 '4.19 혁명은 부정선거에 대한 국민들의 분노로 시작되었다.'처럼 핵심 메시지를 전달할 수 있어요.

3) 마지막 문단에서 본인의 반성과 계획을 구체화하면 더 좋을 것 같아요. 예를 들어, '앞으로 소통하는 과정에서 내가 어떤 방법을 사용할 것인지 구체적으로 서술해주는 것도 유익할 거예요.'로 마무리하면 독자의 이해를 돕는 데 기여할 수 있을 거예요.

[그림 3-3] 인공지능 플랫폼을 활용한 피드백의 예

스스로 깨달은 지혜는 오랫동안 기억에 남고 아이들의 삶을 변화시키는 강력한 무기가 될 것입니다.

아이들이 시험 점수에 일희일비하는 것보다 배움의 즐거움을 느끼고 탐구하는 과정 자체를 즐기도록 돕는 것이 중요합니다. 아이들에게 지식을 전달하는 것보다, 존중, 배려, 협력, 책임감과 같은 삶의 중요한 가치를 심어 주는 것에 더욱 집중하십시오. 아이들의 이러한 작은 태도 하나하나에 진심으로 칭찬하고 격려하십시오. "네가 만든 작품이 정말 멋지구나!" "네 생각이 정말 훌륭하구나!"와 같은 긍정적인 피드백은, 아이들의 자존감을 높이고, 스스로 성장할 수 있도록 돕는 강력한 동기 부여가 될 것입니다.

아이들이 주인공이 되는 IB 교육

제2부

탐구의 싹 키우기: 습관과 문화 디자인

제4장

모두가 주인공: 함께 만드는 탐구 공동체

1. 함께 성장하는 기쁨을 디자인하다

멘티의 질문

Q 사회성이 미숙하고 협력이 서툰 학생들을 하나로 묶어 잠재력을 최대한으로 발휘하도록 이끌어 줄 구체적인 전략은 무엇일까요?

저는 아이들의 수업 태도를 그 무엇보다 중요하게 생각합니다. 단순한 지식 습득을 넘어 배움 자체를 사랑하는 마음, 즉 배우려는 의지와 탐구하려는 열정을 키우기 위해서입니다.

토의 문화는 배움의 자세를 꽃피우는 데 핵심적인 역할을 합니다. 교사는 토의 규칙을 세우고, 아이들이 서로의 의견을 경청하고 존중하도록 안내해야 합니다. 때로는 다툴 수도 있겠지만 이때는 잠시 토의를 멈추고 감정을 다스리는 시간을 갖도록 하는 지혜가 필요합니다. 아이들이 자유롭게 자신의 생각을 표현하면서도 타인을 존중하는 태도를 기르도록 돕는 것이 핵심입니다.

저는 모둠 활동이 제대로 이루어지지 않을 경우, 해당 학생을 따로 불러내 1대1 면담을 통해 문제점을 파악하고 해결책을 제시하려 노력합니다. 학생들에게 섣불리 비난하거나 강요하기보다는, 격려와 지지를 통해 스스로 문제를 해결하고 다시 모둠 활동에 참여할 수 있도록 돕습니다.

모둠을 구성할 땐 항상 아이들에게 '모둠 발표 자료 좀 못 만들면 어떠니? 대신 모둠 활동이 즐거우려면 긍정적인 분위기가 중요하니까 분위기를 우선순위로 두고 모둠을 구성해 보자.'라고 요청합니다.

[그림 4-1] **모둠 발표 자료 만들기**

아이들이 사회성이 미숙하고 협력에 서툴다면 모둠 활동 자체를 놀이처럼 즐겁게 만들어 주는 것이 중요합니다. 아이들이 경쟁보다는 협력을 통해 성취감을 느낄 수 있도록 돕고, 함께 목표를 달성하는 기쁨을 맛보도록 이끌어 주는 것이죠. 마치 아이들이 함께 그림을 그리거나, 함께 블록을 쌓는 것처럼, 모둠 활동을 자연스럽고 즐거운 과정으로 인식하도록 돕는 것이 중요합니다.

아이들이 모둠 활동을 통해 협력하는 방법을 배우도록 돕기 위해서는 교사가 구체적인 역할을 분담해 주고, 각자 책임감을 가지고 역할을 수행하도록 지도하는 것이 효과적입니다.

모둠 활동을 성공적으로 이끌기 위해서는 아이들에게 명확한 목표를 제시하고, 구체적인 활동 계획을 세우도록 돕는 것이 중요합니다. 아이들이 무엇을 해야 하는지, 어떻게 해야 하는지 명확하게 알 수 있도록 지도하고, 활동 과정에서 어려움을 겪을 때는 적절한 조언과 지원을 제공해야 합니다.

> 제 수업에서는 모둠이라는 이름으로 책임을 회피하는 학생은 단 한 명도 없도록 하기 위해 저는 모둠원 평가를 실시합니다. 아이들은 서로를 평가하고 피드백을 주고받는 과정을 통해, 자신의 역할과 책임에 대해 다시 한번 생각하게 됩니다.

> 저는 아이들에게 결과뿐만 아니라 과정 또한 중요하다는 것을 강조합니다.

모둠 활동은 아이들에게 함께 배우고 성장하는 기회를 제공합니다. 서로의 다름을 인정하고 존중하며 협력하는 과정을 통해 아이들은 사회성, 의사소통 능력, 문제 해결 능력과 같은 핵심 역량을 키울 수 있습니다. 아이들의 마음을 하나로 모으고, 잠재력을 최대한으로 발휘하도록 돕는 것이 바로 교사의 역할입니다.

2. 즐겁게 몰입하는 루틴 만들기

멘티의 질문

Q 학급의 탐구 분위기 형성을 위해 하루 루틴을 만들고 싶은데, 오히려 분위기가 딱딱해질까 봐 걱정이 됩니다.

우리가 꼭 배워야 할 것은 탐구를 이렇게 푸느냐보다, 어떻게 탐구를 할 수 있는 문화를 만들까 하는 것입니다. 그 문화의 첫 시작은 바로 습관이라고 생각합니다.

사람은 습관으로 이루어지고 습관은 결국 루틴과 반복을 통해 만들어집니다. 훌륭한 탐구 공동체는 지식 습득 능력보다 긍정적인 태도와 습관을 중요하게 생각합니다.

> 다른 선생님들이 저희 반 아이들에 대해 '6학년 3반이 공부를 잘한다.'라는 말보다는 '태도가 좋다.'라는 말을 해 주실 때가 너무 좋아요. 학생들에 대한 교사로서 제 진짜 목표입니다. 어딜 가도 우리 아이들, 멘티들이 자기 1인분은 할 수 있도록 만드는 것. 그게 제 목표예요.
>
> 물론 아이들이 많이 대충 하거나 게으름을 피우면 엄청 뭐라고 해요. (웃음) 하지만 그 결과 자체를 가지고 뭐라 한다기보다는, '이걸 좀 더 잘 해낼 수 있는데 왜 그렇게 포기하느냐?'라고 동기를 부여하는 거죠. 교사는 아이들이 포기하지 않고 최선을 다하도록 격려하며, 긍정적인 습관을 형성하도록 돕는 역할을 해야 합니다.

교실은 단순히 지식을 전달하는 공간이 아닌 아이들이 서로 배우고 성장하며 미래를 준비하는 삶의 축소판과 같습니다. 저는 종종 모둠 활동을 통해 아이들이 스스로 문제를 해결하고 협력하는 과정을 지켜보며 교사의 역할에 대해 깊이 고민합니다.

저는 긍정적인 교실 문화를 아름다운 꽃밭에 비유하곤 합니다. 아이들이 서로의 다름을 존중하고, 개성을 인정하며, 함께 성장하는 탐구 공동체는 바로 이 꽃밭에서 피어 납니다.

저희 반은 독특한 시스템을 통해 학생들의 동기를 이끌어 냅니다. 매일 세 가지 핵심 요소를 운영하고 있습니다. 첫 번째는 학급 온도계입니다. 학급 온도계를 올리는 기준은 다소 높습니다. 단순히 평범하게 하루를 보낸다고 해서 매일 올라가지 않습니다. 보통은 별다른 문제 없이 하루를 보내면 1도를 올려 주지만, 저희 반은 특정한 목표를 달성해야만 1도를 올려 줍니다. 그 목표는 바로 발표 신호등을 매일 세 번 켜는 것입니다.

[그림 4-2] **학급 온도계(왼쪽)와 발표 신호등(오른쪽)**

저희 반 학생들은 아침에 등교하자마자 세 줄 쓰기를 하고, 하루를 긍정적인 마음으로 시작하자는 다짐을 함께 외친 후, 돌아가면서 자신이 쓴 내용을 읽고 친구의 의견에 피드백을 하거나 간단하게 손을 드는 행동만으로도 누구든지 발표 신호등을 켤 수 있습니다.

1교시가 되면 바로 수업을 시작하는 것이 아니라 '하루 열기'라는 루틴을 시행합니다. 우리 반의 긍정 확언을 외치고 간단한 교실놀이로 밝은 분위기를 조성합니다. 친구들과 반드시 상호작용할 수 있는 간단한 놀이 위주로 준비합니다. 이렇게 밝은 분위기 속에서 아침에 썼던 세 줄 쓰기 토막글을 돌아가면서 읽습니다. 이러한 루틴은 내성적인 아이들에게는 처음에는 부담이 될 수 있지만 의사소통 역량의 함양을 위해 어렵더라도 조금씩 시도해 보도록 격려하고 있습니다. (자세한 내용은 제5장에서 설명하였습니다.)

또한 저희 반에는 학급 화폐라는 경제 시스템이 있습니다. 온라인

포인트를 제공할 수도 있지만 아이들은 아직 경제적인 감각이 부족하기 때문에 제가 직접 돈을 만들어 나눠 주었습니다. 아이들은 다양한 직업을 통해 학급에 필요한 일들을 하고 그 대가로 돈을 벌 수 있습니다. 각 부서마다 월급이 다르고, 추가적인 수당도 지급됩니다. 마치 공무원처럼 특별 수당도 있습니다. 그리고 사회의 규칙을 어겼을 경우에는 범칙금을 내야 합니다. (벌금과 범칙금은 엄연히 다르다는 사실, 알고 계시죠?)

이 모든 규칙과 점수는 아이들이 직접 함께 의논하고 합의하여 결정했습니다. 스스로 지키겠다고 약속한 것이기에 더욱 의미가 있습니다. 그리고 매일 이러한 사항들을 확인하는 것은 회장인 국무 총리의 역할입니다. 국무 총리는 매일 근무 일지를 꼼꼼하게 작성하여 아이들이 각자 맡은 업무를 제대로 수행했는지, 정당한 보수를 받았는지, 수당은 잘 챙겼는지, 벌금은 제대로 냈는지 등을 기록하고, 회장이 최종적으로 확인합니다. 참고로, 국무총리의 월급이 가장 높습니다.

〈표 4-1〉 **탐구 수업 기반 마련하기**

긍정적인 학습 분위기를 위한 학습 습관 형성	
필요성	학급의 긍정적인 분위기 형성은 곧 학생 주도성 발현의 문턱을 낮춰 주고 탐구 능력의 성장으로도 이어질 수 있다. 따라서 '학습 전→학습 중→가정'에서 자기 주도적으로 학습하는 습관을 형성할 수 있도록 지원 방법을 고민하였다.
방법	1. 아침 세 줄 쓰기: 등교 직후 오늘의 주제를 보고 개성 있는 토막글 쓰기 ♥생각을 꺼내는 습관을 길러 자신의 생각을 자신 있게 공유 2. 아침 긍정 확언: 1교시 직전, 긍정 확언 외치기 및 5분 교실놀이 하기 ♥활기찬 학습 분위기 조성 및 긍정적인 교우 관계 형성 3. 학급 밴드 운영: 하루의 학습 모습과 결과물을 학급 밴드에 업로드 ♥노트 작성을 위한 배움 성찰 및 가정과 학습내용 공유 4. 라이프노트 작성: 학습한 내용을 글, 그림과 함께 정리한 뒤 개념적 이해 문장으로 성찰하는 배움 공책+감사일기 쓰기(매일, 꾸준히) ♥자기주도적 학습 습관 형성 및 성찰의 기회 제공

행정조직	월급	역할	담당자
국무총리 (총리)	53	업무 검사, 월급 및 보너스 감독, 근무일지 작성	이○○
기획재정부 (재정부)	48	사람들에게 정확하게 월급, 보너스 주기	장○○ 이○○
국토교통부 (교통부)	45	주 1회 복도 신발장 걸레로 닦기(수)	박○○ 박○○
산업통상자원부 (자원부)	45	필요한 것을 받아 오거나 나눠 주기	임○○ 김○○
교육부 (교육부)	48	매시간 칠판 닦기	김○○ 최○○
과학기술정보통신부 (통신부)	47	크롬북 정리, 충전	하○○ 박○○
농림축산식품부 (식품부)	47	매일 아침 우유 배달, 반납 우유에 번호 쓰기	이○○
환경부 (환경부)	47	수요일에 분리수거하기	노○○ 고○○
행정안전부 (안전부)	44	매일 수업 마치고 다했어요 자석 제자리로 옮기기	문○○
문화예술관광부 (문학부)	48	미술 재료 정리	이○○ 권○○
보건복지부 (보건부)	46	매일 점심 양치 검사	박○○
통일부 (통일부)	44	바구니 사용하는 날 바구니 정리	신○○ 노○○
검찰청 (검찰청)	46	매일 아침 밴드 스티커 검사	석○○

보너스	
좋은 발표	+2
좋은 행동	+2
공개수업 시 발표	×2
라이프노트 잘 쓸 때	+5

범칙금	
출근 안 함	−10
질서를 어지럽힐 때	−5
수업 시간에 떠들거나 집중하지 않을 때	−5
욕, 폭력	−30
영어, 체육시간 질서 지키지 않을 때	−25
지각	분당 −1
교권 위협	재산 몰수

[그림 4-3] **팔레트 교실 6학년 3반 직업 세계**

아이들은 저와 직접 월급 협상을 하기도 합니다. 아이들은 맡은 직업을 두 달에 한 번씩 바꾸는데, 너무 힘들다고 생각되는 직업은 서로 동의를 구하여 월급을 조정하기도 합니다. 이처럼 아이들이 교실 운영에 주도적으로 참여하고 기여할 수 있는 분위기를 만들기 위해 노력하고 있습니다.

3. 팀워크: '하나의 밧줄'을 엮어 내듯

멘티의 질문

Q 소극적인 아이들이 모둠 활동에서 소외되지 않고 적극적으로 참여하도록 돕기 위한 방법은 무엇일까요?

저는 아이들의 수업 태도를 그 무엇보다 중요하게 생각합니다. 단순한 지식 습득을 넘어 배움 자체를 사랑하는 마음, 즉 배우려는 의지와 탐구하려는 열정을 키우기 위해서입니다.

협력 학습은 아이들이 서로의 지식과 경험을 공유하고 함께 문제를 해결하는 과정에서 배우고 성장하는 강력한 방법입니다. 마치 여러 개의 실이 모여 하나의 튼튼한 밧줄을 만드는 과정처럼, 교사는 아이들이 서로 존중하고 협력하며 함께 목표를 달성하도록 돕는 따뜻한 조력자가 되어야 합니다.

저는 모든 아이가 참여하는 협력 학습을 만들기 위해 각자의 역할을 명확하게 분담하고 책임감을 부여하는 것을 중요하게 생각합니다. 또한 모둠 활동 결과를 평가할 때는 개인의 기여도를 반영하고 협력적인 태도를 칭찬하여 아이들이 서로 협력하는 것의 중요성을 인식하도록 돕는 것이 좋습니다.

가장 중요한 것은 그 어떤 아이도 탐구 공동체에서 소외되어서는 안 된다는 점입니다. 아이들의 다양한 빛깔을 존중하고, 각자의 속도에 맞춰 성장하도록 돕는 것이 바로 우리 교사들의 가장 중요한 사명입니다.

저는 교실에서 가장 중요하게 생각하는 태도로 존중을 강조합니다. 또한 매일 아침 아이들과 함께 즐거운 놀이를 통해 몸과 마음을 활짝 열고 하루를 시작합니다. 저는 수업을 한 배를 탄 여정에 비유하며 학생들에게 책임감을 부여합니다. 또한 학급 분위기가 느슨해질 때면, 교실을 어항에 비유하며 부정적인 분위기가 전체에 미치는 영향을 강조합니다.

[오늘의 세 줄 쓰기 주제]

깨끗한 물을 담은 어항에 물고기가 살고 있습니다.
여기에 어떤 사람이 검정 잉크를 한 방울 떨어뜨리려고 합니다.
여러분은 이 사람에게 무슨 말을 하고 싶나요?

한 번 오염된 물은 다시 깨끗하게 하기 어렵습니다.	이렇게 부정적인 기운은 전체를 쉽게 감염시킵니다.	나 하나의 부정적인 생각, 무기력한 마음, 무책임함이 우리 반을 가라앉게 만들고 있지 않나요?

[그림 4-4] 물고기와 어항 비유

협력

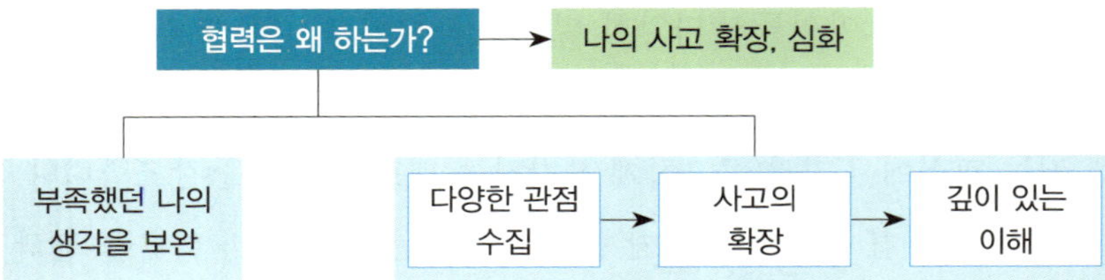

[그림 4-5] **협력은 왜 하는가**

협력이라는 것은 곧 생각의 지평을 넓히고 깊이를 더해 가는 중요한 과정이라고 생각합니다. 혼자서는 미처 깨닫지 못했을 수도 있는 부분을 다른 사람과의 협력을 통해 새롭게 발견하고, 이를 통해 더욱 심도 있는 사고로 나아갈 수 있기 때문입니다.

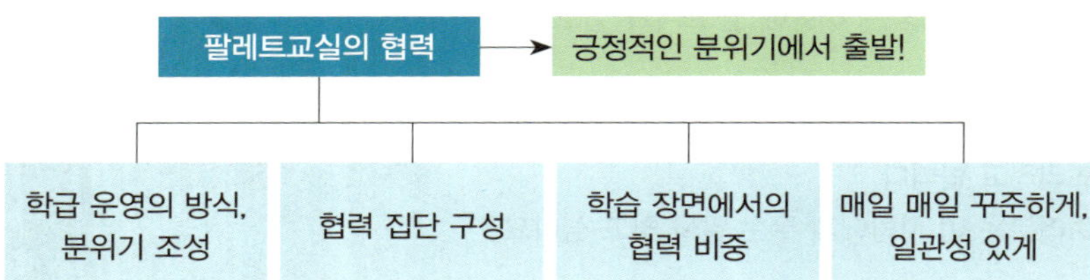

[그림 4-6] **팔레트교실의 협력**

협력을 통해 아이들은 자신만의 생각에 갇히는 것을 벗어나, 친구들과 생각을 자유롭게 나누면서 부족한 부분을 채우고 서로의 기발한 아이디어를 더하여 더욱 폭넓고 심오한 이해에 도달하게 됩니다. 제가 협력을 그토록 강조하는 이유는 협력적인 분위기가 조성되어야 비로소 질문이 제 역할을 효과적으로 수행할 수 있기 때문입니다. 서로에게 부족한 점을 솔직하게 드러내고 궁금한 점을 스스럼없이 물어보며, 서로에게 도움을 주고받는 긍정적인 문화가 형성되어야 진정한 배움이 일어날 수 있다고 믿습니다.

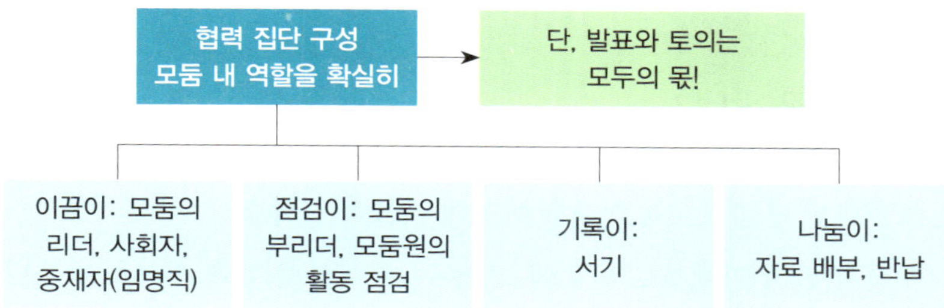

[그림 4-7] **협력 집단 구성의 예**

모둠을 구성할 때도 심혈을 기울여 역할 분담을 명확하게 합니다. 이끔이, 기록 담당, 자료 배부 담당 등 다양한 역할이 있지만, 저는 그중에서도 점검이 역할을 가장 중요하게 생각합니다. 점검이는 마치 깐깐한 관리자처럼 모둠 활동을 꼼꼼하게 점검하는 역할을 수행합니다. "왜 너는 참여하지 않니?"와 같은 질문을 하며 끊임없이 모둠 활동을 점검하고 독려하는 역할을 하는 아이를 점검이로 임명합니다. 그러면 나머지 아이들이 자연스럽게 이끔이를 따라 협력하게 되더군요. 일단 역할을 맡게 되면 책임감을 가지고 열심히 하려고 노력하는 모습을 보여 줍니다. 물론, 토의나 발표는 모든 모둠원이 빠짐없이 참여해야 합니다.

모둠 토의를 진행할 때도 모든 구성원이 균등하게 참여하도록 세심하게 유도합니다. 저는 무임승차하는 것을 용납하지 않습니다. 완전 학습을 지향하는 사람이기 때문입니다. 저희 반에는 다문화 가정 학생, 배움이 느린 학생 등 다양한 어려움을 가진 아이들이 있지만, 최소한 모둠 토의를 할 때 한 번이라도 자신의 의견을 당당하게 말할 수 있도록 격려합니다. 그래야 모둠 토의가 비로소 마무리됩니다. 물론, 처음부터 모든 아이가 적극적으로 참여하는 것은 아닙니다. 3월 첫날부터 매일 꾸준히 연습하고, 여러 차례 시행착오를 거쳐야 비로소 실제 수업 상황에서도 자연스럽게 이루어집니다.

협력 이끌어 내기

그렇다면 구체적으로 협력을 어떻게 이끌어 낼까요?

우선 일반 수업에서도 하루에 최소 두 개 이상의 협력 지점을 만듭니다. 어깨를 맞대고 있는 짝과 짧게 대화를 나누거나, 시계 짝을 찾아 다른 모둠의 친구와 자유롭게 이야기를 주고받는 등 아주 사소한 것에서 협력이 이뤄집니다. 어깨 짝은 바로 옆에 있는 짝을 의미하고, 시계 짝은 책상 위에 시계를 놓고 정해진 시간에 만나는 짝을 의미합니다. 또한 모둠 토의도 매일 반복적으로 실시합니다.

매일, 심지어 수업 시간에도 협력의 중요성을 끊임없이 강조합니다. 수학 문제를 풀 때도 마찬가지입니다. 학생들에게 개별적으로 문제를 풀도록 지시하기보다는, 어깨 짝 또는 시계 짝과 함께 답을 공유하고 서로 비교하며 정답을 찾아가도록 유도합니다. 이처럼 사소한 부분에서도 협력을 생활화하는 것이 중요합니다. 이를 위해 시계 짝(클록 버디즈)이라는 사고 루틴을 적극적으로 활용합니다.

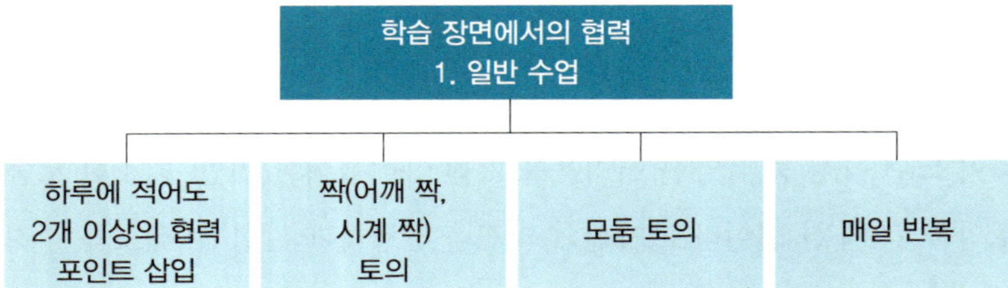

[그림 4-8] 학습 장면에서의 협력

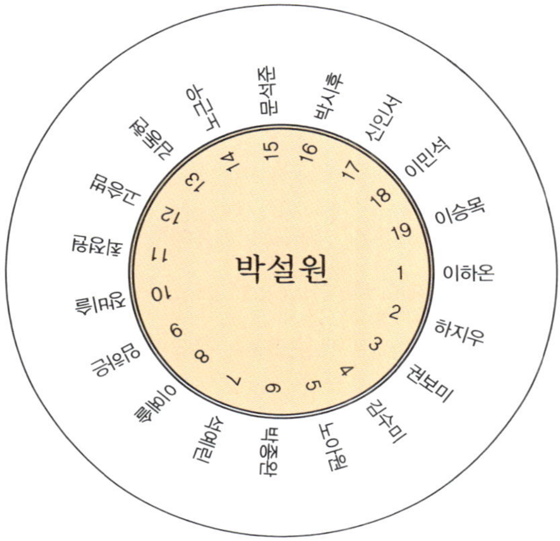

[그림 4-9] **시계 짝**

> (시계 짝 그림을 가리키며) 자신의 이름이 가운데 있고, 시계 방향으로 1시, 2시, 3시……, 각 시간에 해당하는 친구들의 이름이 적혀 있습니다. 예를 들어, "이번 토의는 1시에 만나자!"라고 하면 1시에 적혀 있는 친구와 함께 대화를 나누면 됩니다.

이것은 일종의 우연 효과를 통해 아이들이 학습에 더욱 몰입하도록 유도하는 효과적인 방법입니다. 공개 수업 때도 미리 몇 시에 누구와 만날지 정해 놓지 않습니다. 미리 정해 놓으면 수업이 지나치게 형식적으로 흐르고 흥미가 반감되기 때문입니다. 즉석에서 무작위로 시간을 정해 발표합니다.

클록 버디즈는 널리 사용되는 사고 루틴이지만, 복잡하게 직접 손으로 만들 필요 없이 훨씬 쉽고 간단하게 만드는 방법을 알려 드리겠습니다. 구글에서 'Clock Buddies'라고 검색하면 'Skills Converged'라는 웹 사이트가 나타납니다. 해당 사이트에 접속하여 영어 버튼을 클릭하면 메모장과 유사한 입력 창이 나타납니다. 이 창에 친구 이름을 한 줄로 쭉 입력하면 됩니다.

> (이름 예시) 한민경, 이경은, 김재신, 이기쁨의 4명 이름을 입력하고 '인쇄 가능한 시계 친구 생성(Generate Print Ready Clock Buddies)' 버튼을 클릭하면 클록 버디즈 시계가 자동으로 생성됩니다. 복잡하게 일일이 만들 필요가 없는 것이죠.

만약 반 학생 수가 홀수라면 어떻게 해야 할까요? 홀수인 경우 영어로 "Stay out or Join in a pair"라는 문구가 나타납니다. 혼자 떨어져 있는 학생은 제 수업에서 허용되지 않으므로, 둘이 이야기하고 있는 학생들에게 껴서 함께 이야기하라고 안내할 수도 있습니다. 하지만 저는 짝이 없는 학생은 선생님에게 오라고 합니다. 선생님과 대화하는 것을 아이들이 꽤 좋아합니다. 왜냐하면 제가 해 주는 이야기가 유익한 정보라고 생각하기 때문인 것 같아요.

이러한 우연적인 만남을 통해 학생들은 좀 더 편안하고 재미있게 수업에 참여할 수 있으며, 의견을 교환할 때도 마음을 활짝 열 수 있습니다. 지금 당장 반 아이들이 모두 서로 친밀한 관계를 맺고 있는 것은 아니기 때문에 이러한 활동을 통해 자연스럽게 대화 상대를 만들어 주는 것입니다. 저희 반에서는 평소에 좋아하지 않거나 불편하게 생각하는 친구를 만나더라도 감정을 드러내지 않고 자신의 생각을 명확하게 표현하는 연습을 합니다. 사적인 감정보다는 필요한 의견을 객관적으로 교환하는 연습을 매일 반복하는 것이죠.

UOI

UOI(Unit of Inquiry) 활동을 진행할 때도 저는 각 개인이 개념을 완벽하게 이해하도록 돕는 데 집중합니다. 학생들은 스스로 먼저 문제를 해결해 보는 경험을 통해 자신이 구축한 개념적 이해가 완벽하지 않을 수 있다는 것을 깨닫게 됩니다. 하지만 친구들과 서로 이야기를 나누면서 부족한 부분을 보완해 나가는 방식으로 완전한 이해에 도달하도록 돕습니다. 다문화 학생이나 배움이 느린 학생들에게는 구체적이고 명확한 피드백을 제공하고, 학습 수준이 높은 학생들에게는 생각을 확장할 수 있도록 열린 질문을 던집니다. 이처럼 UOI 활동에서도 협력의 비중을 높이도록 노력하고 있습니다.

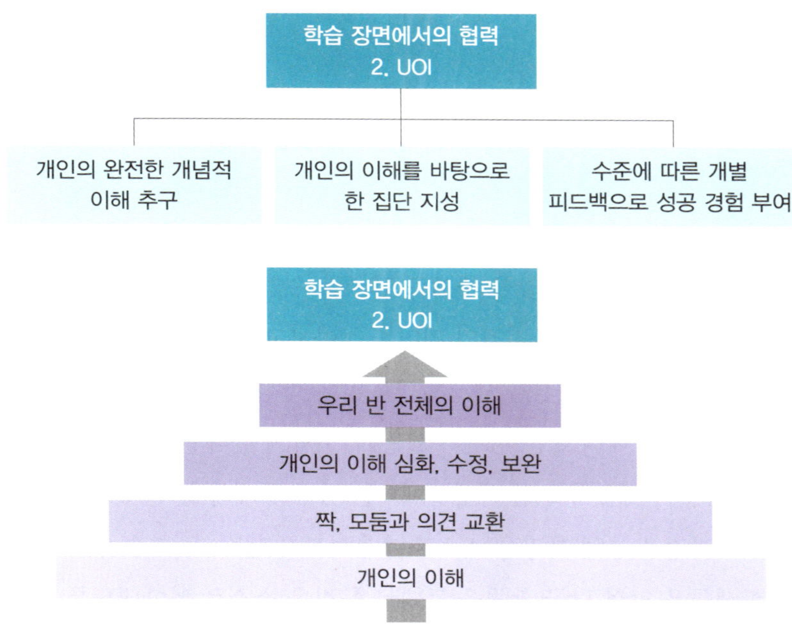

[그림 4-10] 학습 장면에서의 협력-UOI

이러한 협력 활동은 개인의 깊이 있는 이해가 바탕이 되어야 더욱 효과적입니다. 먼저 친구와 자유롭게 의견을 교환하고, 원래 자신이 가지고 있던 이해를 더욱 심화 · 수정 · 보완한 뒤, 우리 반 전체가 모여 귀납적인 방식으로 자신의 생각을 확장하는 것입니다.

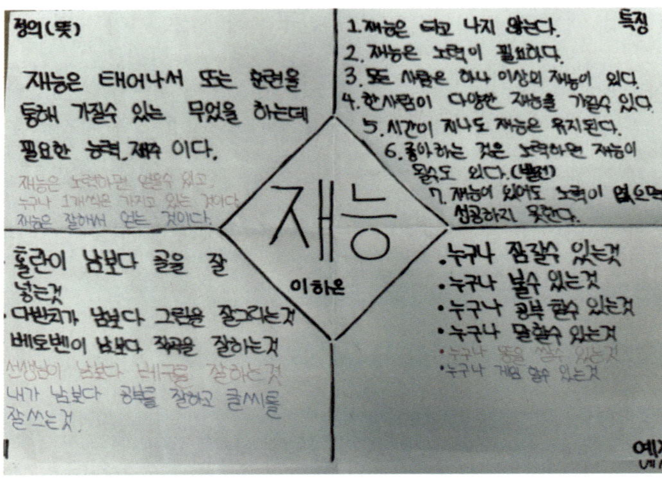

[그림 4-11] UOI 적용 사례

저는 프레이어 모델(Frayer Model)도 일반적인 방식과는 조금 다르게 적용하고 있습니다. 재능을 주제로 탐구한 수업은 예를 들어 설명하겠습니다. 먼저, 재능의 사전적인 의미를 찾아보고 그대로 한번 적어 보도록 합니다. 그리고 특징을 탐구할 때, 많은 학생이 단순히 인터넷에서 검색한 내용을 베껴 쓰는 경우가 있는데, 이렇게 한다면 본 활동의 의미가 없습니다. 배움이 느린 학생들에게는 탐구 주제와 관련 있는 질문에 답하는 과정을 통해 특징을 스스로 추출하도록 합니다. 학습 수준이 높은 학생들은 앞선 탐구 활동을 토대로 특징을 스스로 뽑아내도록 유도합니다. 하지만 이 단계에서 도출된 특징은 불완전할 수 있습니다. 왜냐하면, 학생들이 간단한 탐구 이후에 스스로 뽑아낸 특징이기 때문에 학자들이 연구하고 논문을 통해 밝혀낸 특징과는 다소 차이가 있을 수 있기 때문입니다. 따라서 여기서 멈추지 않고, 한 바퀴 더 돌면서 이 과정을 반복하며 자신의 생각을 정교화합니다.

이러한 과정을 거치면 학생들은 재능의 본래의 특징에 보다 가깝게 접근하여 스스로 결론을 내릴 수 있습니다. 하지만 여전히 탐구의 방향과 거리가 있는 답을 제시하는 학생들도 있습니다. 일단은 "오케이"라고 긍정적으로 반응해 준 뒤, 지금까지 정리한 정의와 특징을 바탕으로 재능의 예시를 떠올려 적어 보도록 합니다. 재능의 예시를 적는 것은 비교적 쉽습니다. 재능의 예시는 누구나 태어나거나 훈련을 통해 얻어지는 남들보다 뛰어난 능력이기 때문입니다.

하지만 재능이 아닌 것의 비(非)예시를 적는 것은 다소 어려울 수 있습니다. 이럴 때는 개념을 반대로 생각해야 합니다. '누구나 남들보다 타고난 능력'의 반대말은 '누구나 할 수 있는 일'이 됩니다. 만약 누구나 쉽게 할 수 있다면 그것은 재능이 아닌 것입니다. 남들보다 뛰어난 것의 반대말은 누구나 할 수 있는 것이기 때문에, 이를 적용하면 '누구나 잠잘 수 있는 것' '누구나 볼 수 있는 것' 등으로 명확하게 정리할 수 있습니다.

다시 처음 단계로 돌아가서 빨간색 펜으로 자신이 지금까지 한 바퀴 돌면서 생각한 재능의 의미를 스스로 적어 보도록 합니다. 그리고 예시를 다시 한번 적어 보고, 비예시도 스스로 다시 한번 적어 본 뒤에, 파란색 펜으로 친구의 의견을 받아 적습니다. 마지막으로 자신만의 새로운 프레이어 모델을 완성하는 것입니다. 프레이어 모델을 총 2~3바퀴 반복해야 개념이 여러 번 정교화되면서 비로소 온전하게 자신의 것으로 만들 수 있습니다.

5분 발표

저희 반은 5분 발표를 통해 개념 기반 학습 과정을 다양한 사실적 지식들과 융합시켜 개념화하는 활동을 합니다. 예를 들어, 4학년 과학시간에 물에 사는 식물에 대해 배울 때, 과거에는 교과서에 나오는 물에 사는 식물 종류를 단순히 암기하는 방식으로 수업이 진행되었습니다. 예전 시험 문제에도 그런 내용이 자주 출제되었죠.

하지만 세상에는 물에 사는 식물이 얼마나 많은데 그걸 어떻게 다 외우겠어요? 선생님들도 다 외울 수 없습니다. 그래서 저는 아이들에게 '일단 하나의 전문가가 되자!'라고 격려하며, 직소(Jigsaw) 모형을 약간 변형하여 수업을 진행합니다. 내가 A라는 주제를 맡았다면, 나머지 아이들은 B, C, D, E 등 다른 주제를 맡아 탐구한 뒤, 서로 정보를 공유하고 면밀히 살펴본 후 자신만의 결론을 내리도록 합니다. 이 과정에서도 협력이 중요한 역할을 하는 것이죠.

예를 들어, 한 학생이 재능 있는 사람을 발표할 때 자신이 좋아하는 축구 선수의 재능을 소개한다고 가정해 봅시다. 다른 학생들은 이전에는 이 선수를 잘 알지 못했을 수 있으므로, 발표를 주의 깊게 듣고 학습지에 핵심 내용을 기록합니다. 저희 반은 5분 발표를 할 때 각 모둠별로 1, 2, 3, 4 순번을 미리 정해 놓고 발표 연습을 충분히 합니다. 1번 학생이 발표를 하면 나머지 모둠원들은 다른 모둠의 발표를 경청합니다. 그리고 2번 학생이 나와서 발표를 하면, 1번 발표자들은 다른 모둠에 가서 발표를 듣는 방식으로 진행됩니다.

1. 모둠 내 순번을 정한다.

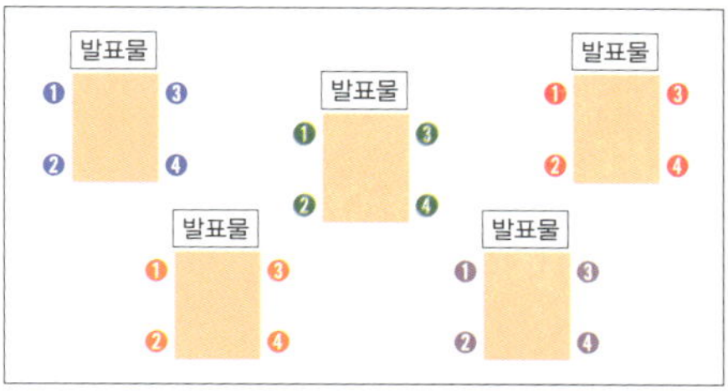

2. ①번을 제외한 나머지는 다른 모둠에 자유롭게 착석

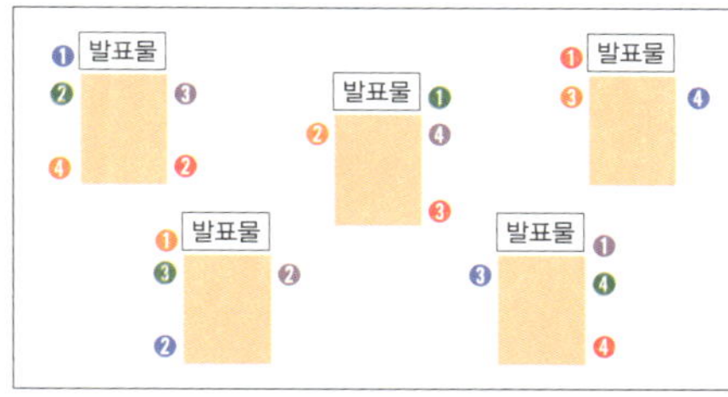

3. 5분간 ①번 발표자 발표, 질의응답, 발표내용 기록

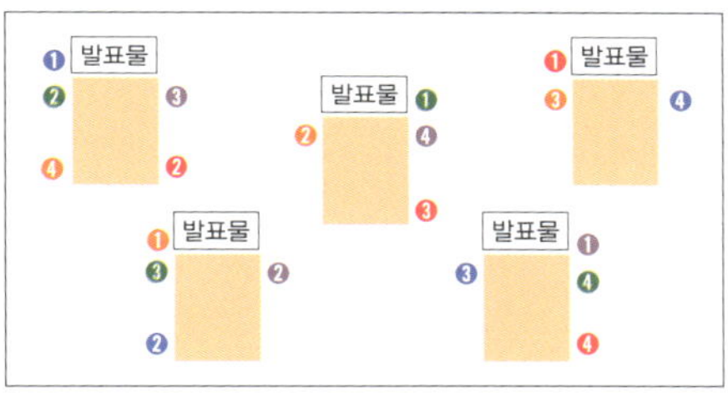

4. ②, ③, ④번 발표자도 동일하게 진행

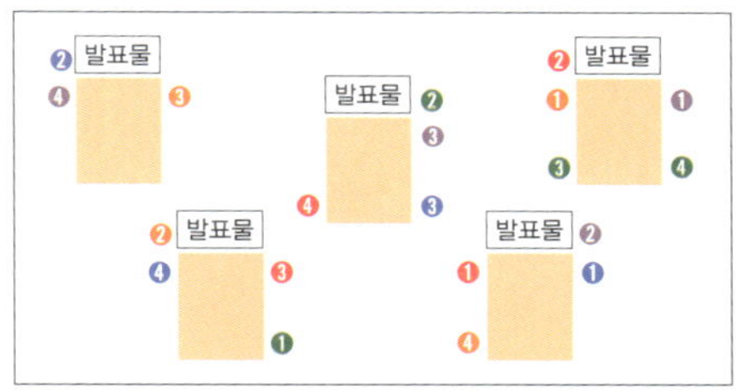

[그림 4-12] 5분 발표 순서

[그림 4-13] 5분 발표 모습

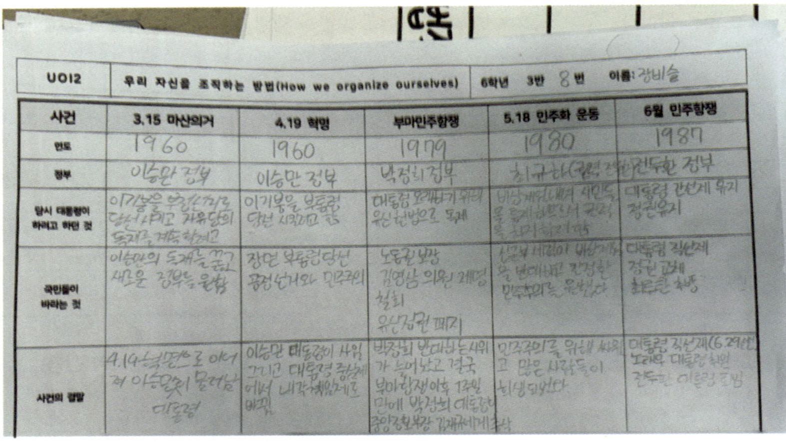

[그림 4-14] 5분 발표 내용 기록의 예

만약 민주화운동을 탐구한 뒤 한 모둠이 3 · 15 마산 의거를 발표했다면, 다른 모둠들은 4 · 19 혁명, 부마 민주 항쟁, 5 · 18 민주화 운동, 6월 민주 항쟁 등 다른 민주화 운동에 대해 발표했을 것입니다. 학생들은 각자 발표를 들으며 새롭게 알게 된 내용을 학습지에 꼼꼼하게 기록하고, 그 내용을 바탕으로 일반화된 결론을 도출합니다. 이처럼 저희 반은 사례 탐구를 할 때도 학생 혼자서 탐구하는 것이 아니라 다른 친구, 다른 모둠 친구들과 함께 협력하여 탐구하는 모델을 지향합니다. 중심 아이디어를 구성하거나 개념적인 이해를 도출하는 과정 또한 이러한 협력적인 과정을 통해 이루어집니다.

Q보드

[그림 4-15]의 Q보드는 제가 직접 고안한 수업 설계의 핵심 도구로, 학생들이 답을 암기하는 대신 스스로 질문을 만들고 개념적 이해에 도달하도록 돕습니다.

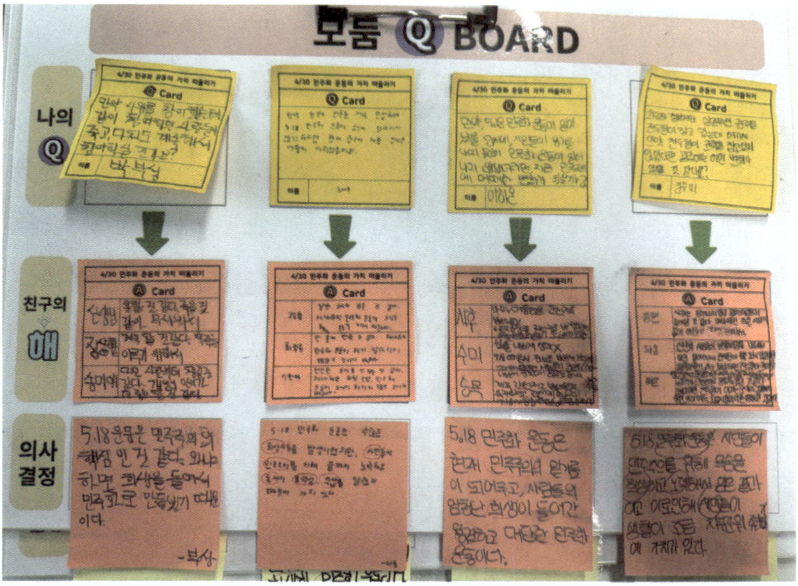

[그림 4-15] Q보드

Q보드 활동은 질문 생성과 의미 도출을 촉진하는 촉매제 역할을 했습니다. 학생들은 '당시 사람이라면 무엇을 느꼈을까?' '이 운동이 오늘 우리에게 주는 메시지는 무엇일까?' 같은 질문을 스스로 만들고, 그 질문을 바탕으로 증거를 수집하고 해석했습니다. 저는 정보를 일방적으로 전달하는 대신 관찰자이자 촉진자로서 학생들이 역사 속 인물의 입장에 서 보도록 유도했습니다. 그 결과 학습은 외형적 암기가 아니라 역사적 공감과 비판적 사고의 과정으로 전환되었습니다.

Q보드를 활용한 이번 수업의 목표는 단순한 사건 암기가 아니라 민주화 운동이 우리 사회에 남긴 의미를 학생 스스로 구축하게 하는 것입니다. 여러 사례를 비교 · 종합하면서 학생들은 권력과 시민성, 연대의 가치를 체감하게 되었고, 역사 공부가 현재의 시민으로서 자신의 역할을 성찰하는 기회가 될 수 있음을 이해하게 되었습니다. 교육은 지식을

전달하는 작업이 아니라 질문을 여는 일이며, 큐보드는 그 질문을 촉발하는 실천적 장치입니다.

질문 만들기

그래서 Q보드를 활용한 수업은 이렇게 전개됩니다. 먼저 학생들에게 "만약 네가 이 상황에 있었다면?"이라는 가정형 질문을 만들게 합니다. 6월 민주항쟁, 5 · 18 민주화 운동 등 각자 맡은 민주화 운동 가운데 하나를 골라서 '만약 내가 광주 시민이었다면 어떻게 했을까?' '만약 내가 대학생 지도자였다면 어떤 선택을 했을까?'처럼 개인의 입장을 상정하는 질문을 먼저 만들어 보게 하는 겁니다. 이런 질문은 단순한 사실 확인을 넘어 역사적 상황 속 인물의 감정, 위험 인식, 도덕적 딜레마를 사유하게 만듭니다.

질문을 만든 뒤에는 A카드에 반드시 3명의 친구에게 답변과 그 이유를 받아오게 합니다. 학생들의 A카드에는 답변을 촘촘히 적을 공간이 마련되어 있습니다. 친구들의 반응을 모으는 과정은 단순한 여론조사

일반화를 위한 의사결정 전략

1) 우리 모둠이 조사한 민주화 운동에 대한 답이 여러 개인 질문 만들기–Q카드

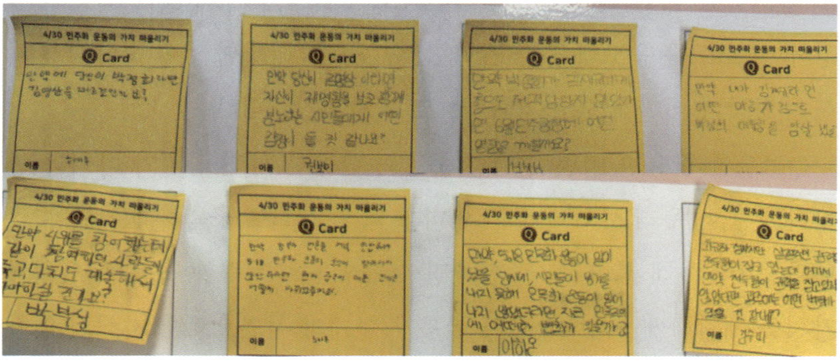

[그림 4–16] Q보드 수업의 사례–Q카드

2) 친구들에게 답 받아오기(Clock Buddies)–A카드

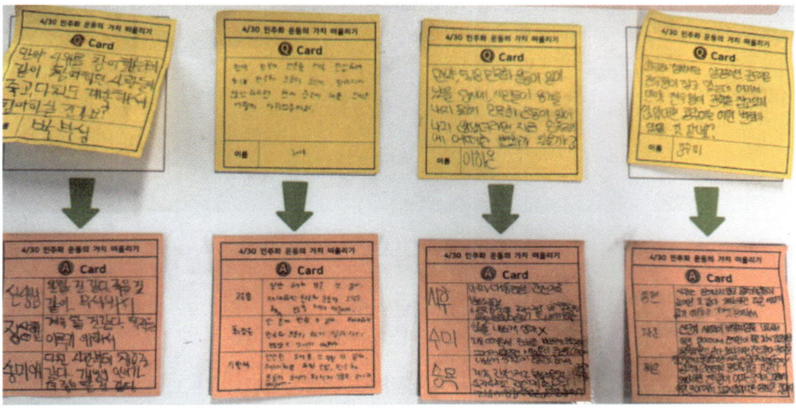

[그림 4–17] **Q보드 수업의 사례–A카드**

가 아니라 증거 수집의 연습입니다. 서로 다른 관점과 근거를 비교하면서 학생들은 자신의 초기 가정이 어떻게 흔들리고 확장되는지를 체감합니다. 이유를 묻는 규칙은 '왜 그렇게 생각했는가'라는 사고의 깊이를 확보해 줍니다.

일반화

다음 단계는 일반화입니다. Q보드 맨 아래 칸에 '5 · 18 민주화 운동은 우리에게……'처럼 각 민주화 운동의 가치를 떠올린 문장을 적게 합니다. 각자 모아 온 답변과 이유, 자신의 탐구 결과를 종합해 하나의 의미문장을 도출하도록 유도합니다. 예컨대, 어떤 학생은 "만약 내가 광주 시민이었다면 도망쳤을 것이다."라는 답을 들었고, 다른 친구는 "저항했을 것이다."라고 답했을 때, 두 견해의 공통분모와 차이를 분석하면 '희생과 연대, 시민성의 각성'과 같은 보다 높은 수준의 개념을 도출할 수 있습니다.

일반화를 위한 의사결정 전략

3) 이전 탐구결과+친구들의 의견을 모두 참고하여 개념적 이해(탐구의 결론) 구성

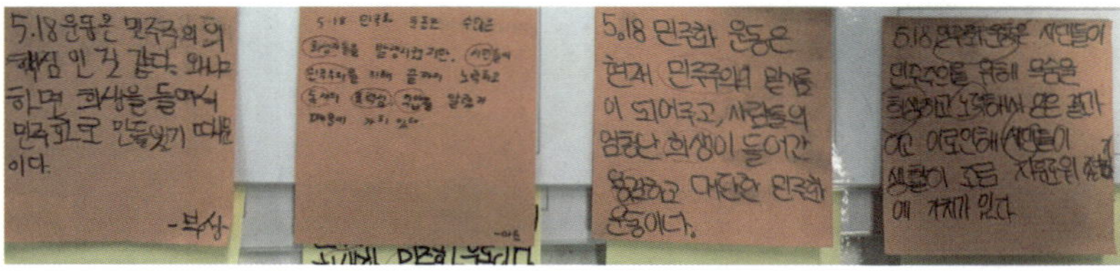

[그림 4-18] **Q보드 수업의 사례**

모둠 토의는 여기서 끝이 아닙니다. 각자가 Q보드에 적어 온 결론들을 모두 모아 다시 검토합니다. 내가 내린 결론, 네가 내린 결론, 또 다른 친구들이 내린 결론을 비교·대조하면서 공통점과 차이점을 찾아냅니다. 이렇게 모은 다섯 가지 민주화 운동의 결론은 단순한 사실 나열이 아니라 각 사건을 개념화하는 초석이 됩니다. 학생들은 개별 사건의 의

일반화를 위한 의사결정 전략

4) 모둠에서 탐구한 각 민주화 운동의 의미 정하기(의사결정)

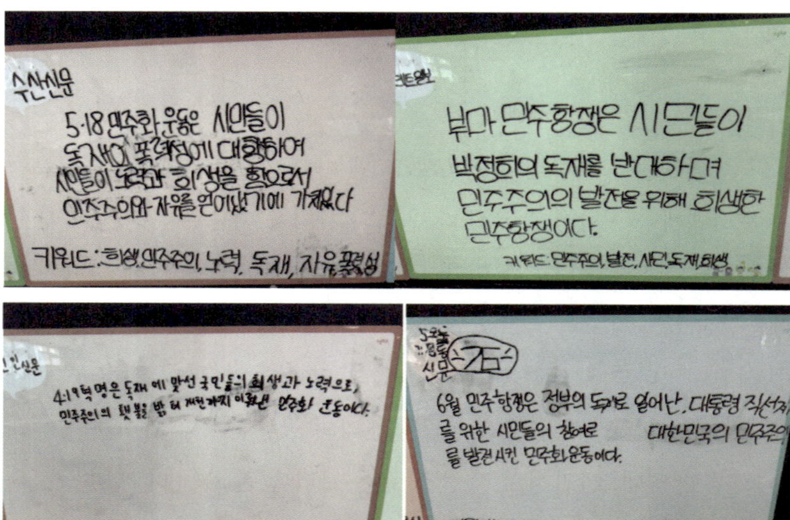

[그림 4-19] **모둠별 일반화**

미를 확보한 뒤, 이제는 민주화 운동의 전체 의미를 묻습니다.

"얘들아, 각 민주화 운동이 이런 가치를 드러내는데, 민주화 운동 그 자체는 우리 역사에서 어떤 의미를 가지는 걸까?"라는 질문을 던져 공동의 해석을 도출합니다. 이 과정은 단순한 합산이 아니라 추상화의 작업입니다. 학생들은 모둠별로 도출한 가치들을 취합해 공통된 개념(예: 시민주체성, 연대의 힘, 권력에 대한 감시와 비판 등)을 뽑아내고, 어떤 학생이 초안을 제시하면 다른 이들이 근거를 붙여 수정·보완합니다. 서로의 이유를 묻고 반박하고 수용하는 과정은 곧 증거 기반의 논증 연습이며, 역사적 사실을 현재의 사회적 의미로 연결하는 숙고의 시간입니다.

왜 이렇게 하는가(교육적 의도)

- '한 문장' 정리는 복잡한 정보와 다양한 관점을 개념적으로 압축하는 사고 훈련입니다.
- 친구들이 제시한 내가 몰랐던 단서들은 "아, 이렇게도 볼 수 있구나."라는 인지적 전환을 이끌어 내며, 개인적 일반화가 더 넓고 타당한 개념으로 정교해지게 합니다.
- 최종적으로는 모둠→학급 차원의 취합 과정을 통해 개별 사실(사례)에서 일반 개념(개념어)으로 추상화하는 능력을 길러 줍니다.

교사용 진행·질문 팁(짧고 실용적으로)

- "너는 어떻게 적었니? 왜 그렇게 적었니?" 이유를 묻고 근거를 답하게 하세요.
- 공통점 발견 유도: "여러분의 문장에서 반복되는 키워드는 무엇인가요?"
- 조심스러운 피드백: 사례 수준의 탐구에는 개념어가 없을 수 있으

니, 바로 개념어를 강요하지 마세요. 지금 단계에서는 사실어(사건 중심 서술)도 충분히 의미 있습니다.

개념어와 사실어에 대한 안내

- 한 사건만으로는 통상 개념어가 아니라 사실어(사건의 의미 진술)가 나오기 쉽습니다. 예: "5 · 18 민주화 운동은 ○○○이다."
- 그러나 다섯 가지 사례를 모아 비교 · 종합하면 자연스럽게 '민주화 운동' 같은 개념어가 등장합니다. 즉, 개념어는 사례들의 공통 속성을 추상화했을 때 비로소 타당해집니다.
- 따라서 초록색 포스트잇 단계에서는 사실어로 솔직하게 결론을 적되, 이후 취합 단계에서 개념어로 도약할 수 있도록 유도하세요.

이는 개인적 주장에 집착하지 않고 집단적 일반화를 이루는 과정입

일반화를 위한 의사결정 전략
5) 기사의 헤드라인 작성하여 붙이기

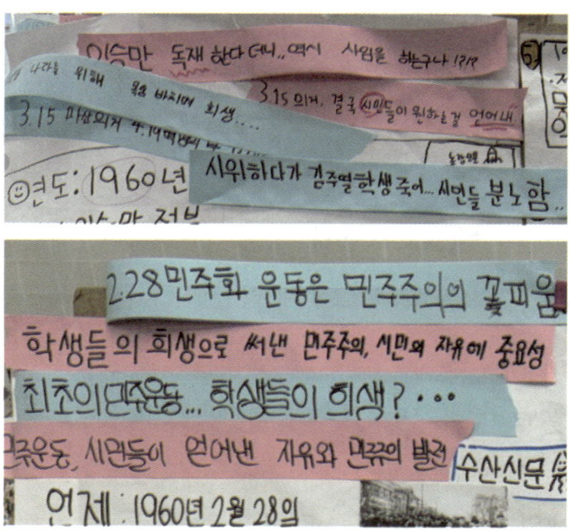

[그림 4-20] 헤드라인 개념화

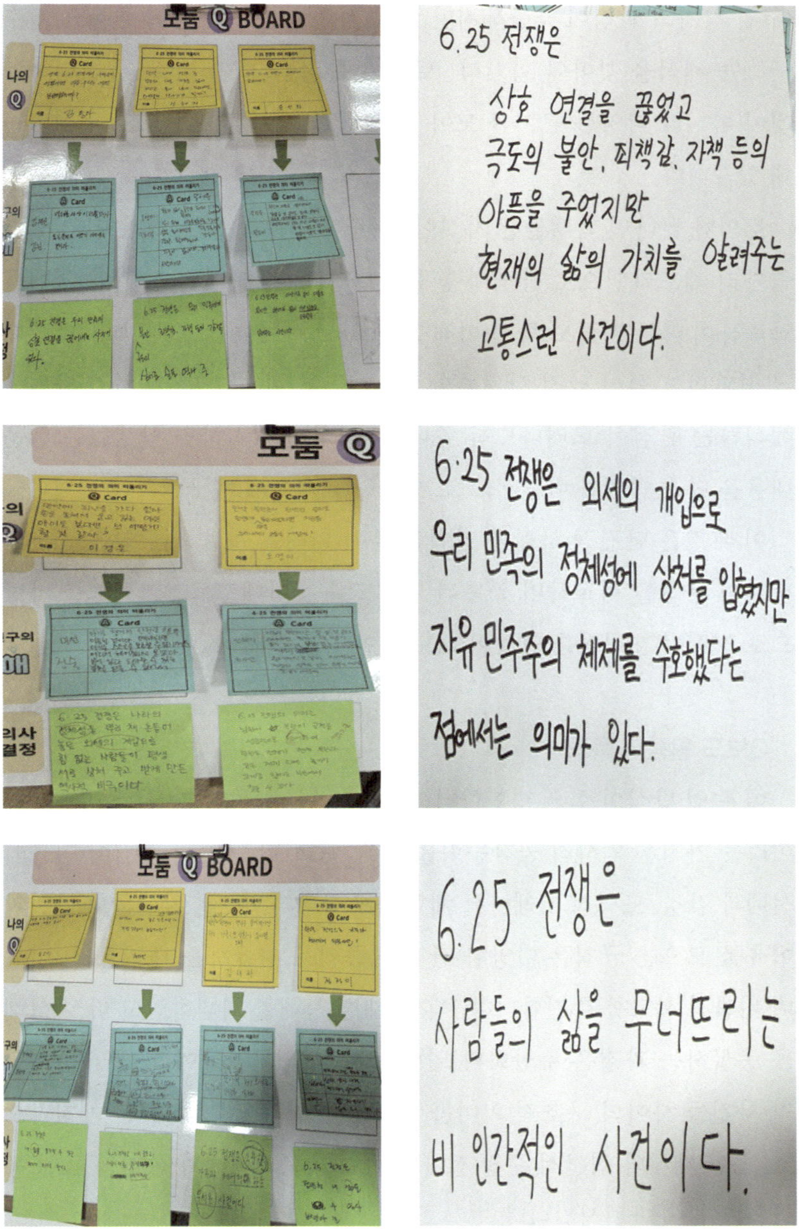

[그림 4-21] 귀납적 과정을 통해 6 · 25 전쟁의 의미 정리하기

니다. 각자의 관점이 소중하지만, 궁극적으로는 우리 반이 공동으로 추구하는 해석을 찾아야 합니다. 토의의 목적은 '내가 맞다'를 증명하는 것이 아니라 다양한 근거를 모아 더 타당한 결론을 공동으로 구성하는 데 있습니다.

토의가 끝나면 학생들은 자신이 만든 각 민주화 운동 결과지 위에 한 줄짜리 헤드라인으로 개념화를 붙입니다. 헤드라인은 사건의 핵심을 압축하여 다른 이들도 즉시 이해할 수 있도록 돕는 제목입니다. 예컨대 '권력과의 타협이 남긴 상처' '참여가 만들어 낸 시민의 힘'처럼 사건을 해석하는 관점이 드러나도록 씁니다. 이렇게 정리하면 학생들은 배운 내용을 단순 암기가 아닌 스스로 도출한 해석으로 재구성하게 됩니다.

이 과정은 단편적 사실을 넘어 공통된 의미를 추출하는 연습입니다. 각자의 문장을 비교하며 공통된 키워드를 찾아내고, 그 키워드를 바탕으로 전체적 개념어를 만들어 내도록 안내합니다.

Q보드 활동의 목표

이 수업 방식의 힘은 명확합니다. 첫째, '만약 네가 그 상황이었다면?'이라는 가정은 역사적 공감능력을 키워 주고, 단순 암기를 넘어 인물의 선택과 감정, 도덕적 딜레마를 체험하게 합니다. 둘째, 친구들의 답변과 이유를 모으는 규칙은 다양한 관점을 증거로 취급하는 태도를 길러 주며 비판적 사고를 촉진합니다. 셋째, 개별 사례를 개념화하고 다섯 사례를 종합하는 과정은 추상화와 일반화 능력을 배양하여 학생들이 역사적 사건들 사이의 구조적 의미를 스스로 발견하도록 합니다. 마지막으로, 초안 제시와 집단적 수정 절차는 협력적 문제해결과 논리적 표현 능력을 동시에 단련시킵니다.

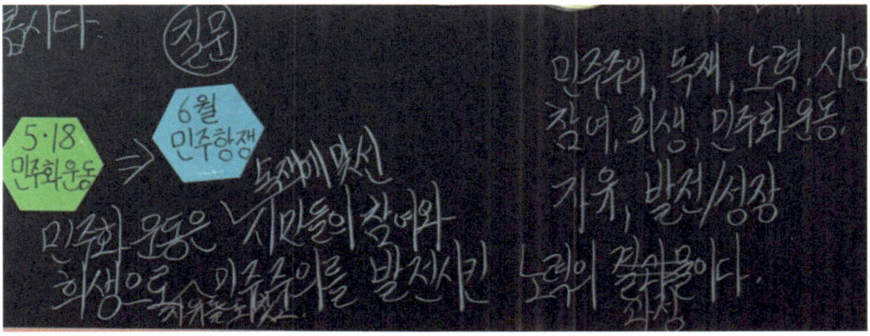

[그림 4-22] **학생들의 사고를 모아 일반화 문장 도출하기**

다시 말해, 이 활동의 핵심은 개인의 개념적 이해와 모둠의 합산을 넘어, 우리 반 전체가 공유하는 개념적 이해를 공동으로 구성하는 데 있습니다. 협력은 단순한 정보교환이 아니라 서로의 관점과 근거를 결합해 더 높은 수준의 해석을 만들어 내는 인지적 도구입니다. 이 과정에서 큐보드와 Q카드, A카드는 단순한 기록지가 아니라 질문을 촉발하고, 증거를 모으고, 해석을 연결하는 실천적 장치가 됩니다.

이 활동에서 반드시 지켜야 할 규칙이 있습니다. 그것은 바로 질문지를 직접 보여 주지 않고 말로만 주고받는다는 점과 답변과 그 근거를 반드시 함께 적도록 하는 점입니다. 이는 단편적 의견의 나열을 막고 이유 중심의 사고를 훈련시키기 위함입니다.

교사는 이 과정을 지휘하는 전달자가 아니라 질문을 안내하고 토의를 촉진하는 코치입니다. 학생들이 서로의 이유를 비교 · 대조하며 자신의 초안을 수정하는 순간, 개별 해석은 근거로 뒷받침된 집단적 해석으로 전환됩니다. 이렇게 모은 여러 결론은 다시 반 전체의 공통 의미를 추출하는 재료가 됩니다.

간단한 진행 원칙

- Q카드, A카드를 각자 가져간다.
- '만약 ……였다면' 형식의 가정 질문을 만든다.
- 질문은 말로만 전달하고 질문지를 보여 주지 않는다.
- 최소 3명의 동료에게 묻고 답변과 이유를 기록한다.
- 개인 결론을 모둠에서 취합하고 모둠 결론을 반 전체와 공유해 공통 의미를 도출한다.

이 방식은 단순한 정답 찾기가 아니라 사고의 확장과 책임 있는 해석을 훈련합니다. 서로 다른 관점이 충돌하고 조정되는 과정에서 학생들은 역사적 사건의 의미를 공동으로 만들어 내며, 그 결과는 개인의 주장보다 깊고 집단적으로 타당한 이해로 자리 잡습니다. 협력은 결국 '무엇을 아는가'보다 '어떻게 함께 의미를 구성하는가'를 가르치는 교육의 본질을 드러냅니다.

[그림 4-23] 서로 질문하기

사실과 개념의 위계 세우기

[그림 4-24]의 활동은 단순한 정보 전달이 아니라 학생들이 스스로

개념지도를 그리며 사실과 개념의 위계를 세우는 훈련입니다. 저는 수업에서 개념지도를 교사가 일방적으로 제시하지 않고, 모둠별 토의를 통해 학생들이 직접 만들어 내도록 안내합니다. 그 결과 모둠마다 서로 다른 관점과 표현이 나오고, 그 차이들이 오히려 학습의 자원으로 작동합니다. 일반화는 한 사람이 정답을 강요하는 과정이 아니라 다양한 생각들 속에서 공통점을 찾아 합의를 이루는 과정이므로, 모든 학생이 그 과정을 경험하도록 의도적으로 설계합니다. 이를 통해 학생들은 사건에서 개념으로 이행하는 사고의 흐름을 체감합니다. 교사의 역할은 판단자가 아니라 촉진자로서 질문을 던지고 논의를 구조화해 학생들이 스스로 의미를 구성하도록 돕는 것입니다.

빛을 예로 들어 보겠습니다. 빛은 분명 우리 삶을 편리하고 풍요롭게

[그림 4-24] 개념지도 그리기

만드는 자원입니다. 그러나 그 이면에는 눈에 보이지 않는 피해들이 숨어 있습니다. 인공조명의 과다 사용은 에너지 소비를 늘려 온실가스 배출로 이어지고, 야간 조명은 바다거북의 산란과 귀향을 혼란에 빠뜨리며 곤충과 철새의 생활리듬을 깨뜨려 생태계를 교란합니다. 특히 블루라이트는 사람의 생체시계와 수면을 방해하고 장기적으로 시력과 건강에 부정적 영향을 줄 수 있습니다. 이처럼 빛은 유익성과 해악성을 동시에 지니므로, 우리는 단순히 '밝다/어둡다'로만 평가하지 않고 원인과 결과를 탐구해야 합니다. 수업에서는 이러한 사실적 지식을 바탕으로 '빛의 양이 증가하면 어떤 생태적 · 사회적 영향이 발생하는가?'를 증거로 검증하고, 해결 방안(예: 조명 설계, 에너지 효율 개선, 야간 보전구역 지정 등)을 논의하도록 유도하면 좋겠습니다.

개념 구조화 과정

이 활동은 개별 사실 지식을 단순 나열하는 데 그치지 않고, 학생들이 스스로 개념적 구조를 만들어 가는 협력적 일반화의 전형입니다. 모둠마다 '해결 방법 / 자연 피해 / 동물 피해'처럼 서로 다른 레이블을 붙이고, 또 다른 모둠은 '동물 피해 / 곤충 피해 / 인간 피해'처럼 표현을 바꾸어 최상위 개념으로 묶는 과정을 거칩니다. 말은 달라도 방향성이 일치하는 이유는 각 모둠이 참고한 자료와 관점이 다르기 때문이며, 바로 그 다양성이 공동의 이해를 더 풍부하게 만듭니다.

핵심은 반복적 비교 · 수정의 과정입니다. 학생들은 자신의 초기 질문과 이해, 친구의 개념지도를 각각 적고, 동료의 지도를 보고 나서 바뀐 생각을 다시 적습니다. 그런 다음 모둠 차원에서 통합안(초안)을 만들고, 반 전체의 논의를 통해 최종 공통안을 도출합니다. 이 순환(초기 이해 → 동료 피드백 → 수정 → 모둠 통합 → 학급 합의)은 개념화 능력을 심

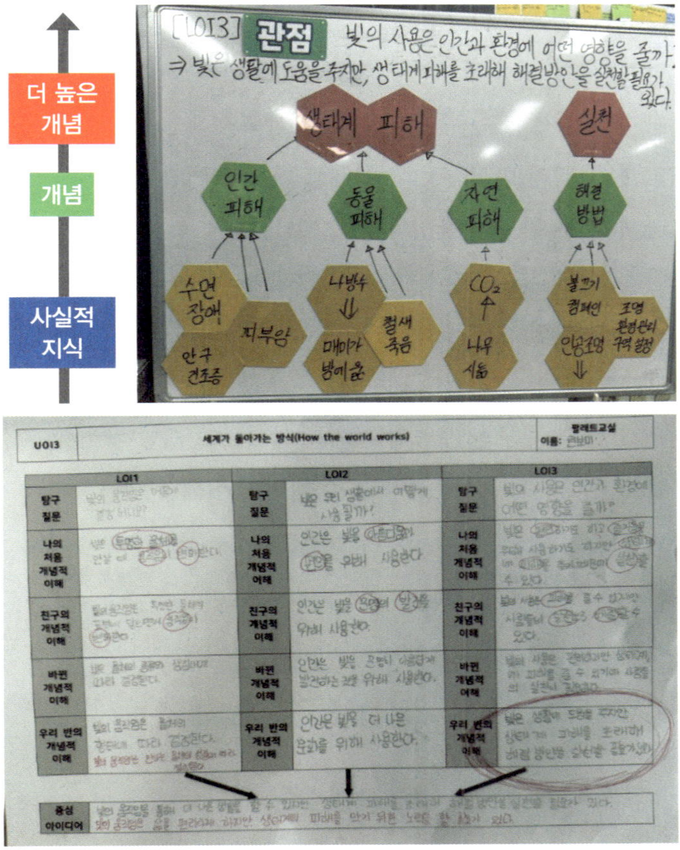

[그림 4-25] **개념 구조화 과정**

화시키는 핵심 메커니즘입니다.

교사의 역할은 결론을 대신 제시하는 평가자가 아니라 논의를 촉진하고 구조화하는 촉진자입니다. 자료를 제공하고 질문을 안내하되, 개념 지도는 학생들이 직접 만들게 하세요. 모둠 간 차이를 비교해 질문을 던지고(예: "왜 너희는 '곤충 피해'와 '동물 피해'를 분리했니?"), 공통어를 추출하도록 유도하면 학생들의 추상화 능력이 자연스럽게 향상됩니다.

실행을 위한 간단한 절차 제안

- 1단계: 사실 수집(조명 사용 영향, 생태계 변화 등)
- 2단계: 모둠별 분류(각자 3~4개의 카테고리 제안)
- 3단계: 개념어 비교 · 토의 후 새로운 상위 개념 형성
- 4단계: 모둠 통합안 작성(한 장의 개념지도)
- 5단계: 학급 합의(모둠 발표 → 공통 키워드 추출 → 개념어 도출)
- 6단계: 개인별 개념적 이해 구성
- 7단계: 친구의 개념적 이해 수집
- 8단계: 나와 친구의 개념적 이해를 살펴보고 개념적 이해 수정
- 9단계: 반 전체 합의를 통한 최종 개념적 이해 구성

유의점 및 기대 효과

- 유의점: 교사가 개념어를 조급하게 강요하면 학생의 추론 과정을 훼손할 수 있으니, 사례 취합 후 자연스럽게 개념어가 도출되도록 안내하세요.
- 기대 효과: 학생들은 다양한 근거를 수렴 · 비교하면서 자신의 일반화를 수정하는 태도를 기르고, 사례에서 개념으로 도약하는 사고훈련을 경험합니다. 또한 협력과 피드백이 곧 질문 생성과 아이디어 발전의 핵심 장치임을 체득하게 됩니다.

마지막으로, 이 모든 과정은 '스스로 겪어 보는 것'을 전제로 합니다. 모둠별 차이를 인정하고, 그 차이를 학급 전체의 자원으로 전환하는 문화 질문을 두려워하지 않고 서로의 근거를 존중하며 끊임없이 묻고 수정하는 태도가 학교 수업의 중심이 되어야 합니다. 이런 문화는 단순한 활동 운영 방식이 아니라 학생들이 비판적 사고와 공동해석 능력을 몸

에 익히는 사회적 장치입니다.

이를 위해 교사는 결론을 주지 않고 논의를 촉진하는 촉진자 역할을 분명히 해야 합니다. 토의 규범(근거 제시, 질문은 말로만, 빨간색으로 생각 변화 표시 등)을 명확히 하고 역할을 순환시키며, 결과물을 시각적으로 남겨 학생 스스로 자신의 사고 발달을 돌아보게 하십시오. 모둠 간 차이를 비교하여 공통어를 추출하는 과정 자체가 추상화 훈련이며, 반복되는 경험이 누적될 때 학생들은 사례에서 개념으로 자연스럽게 도약합니다.

궁극적으로 이러한 수업은 역사나 사회 지식의 전달을 넘어서 시민적 역량을 길러 냅니다. 서로 다른 관점을 수렴해 합의를 만들어 내는 연습, 근거에 기반해 생각을 바꾸는 태도, 그리고 질문을 통해 의미를 재구성하는 능력은 학교를 벗어나 삶의 다양한 장면에서 지속적으로 작동할 역량입니다. 학교는 그 출발점이며, 교실의 질문하는 문화가 곧 민주적 시민성을 키우는 토양이 됩니다.

의미 있는 피드백

피드백을 주고받는 것도 훈련이라고 생각합니다. 아이들이 좋았던 점은 무엇인지, 무엇을 더 개선해야 할지 등을 Glow & Grow, PMI와 같이 간단하게 적도록 지도합니다. '예쁘다' '글씨를 못 썼다' '다음부터 잘 써라'와 같은 피상적인 피드백은 지양하고 3월 첫날부터 피드백이란 무엇인가를 직접 교수법을 통해 가르칩니다.

4학년 UOI를 진행할 때 자연의 원리를 응용해 생활용품을 디자인한 적이 있습니다. 예를 들어, 한 모둠은 비버의 보온성 원리와 연꽃의 방수 특성을 결합한 우비 초안을 만들었습니다. 학생들은 다른 모둠의 아이디어 초안을 살펴보고 더 나은 생활용품이 되도록 피드백을 남겨 줍

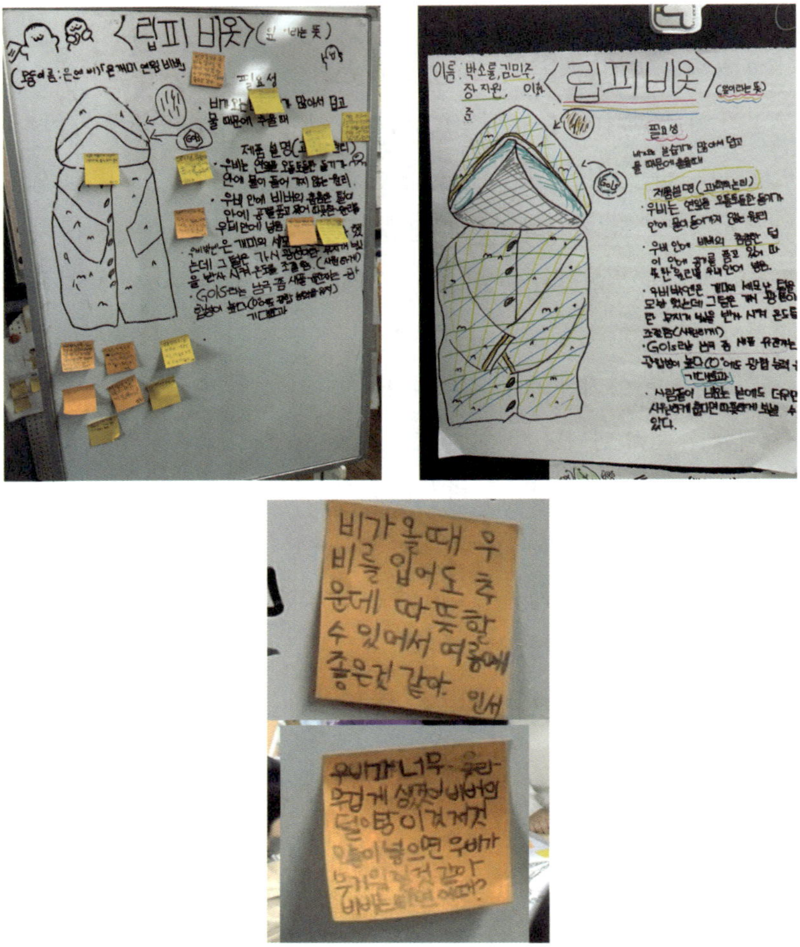

[그림 4-26] **의미 있는 피드백**

니다. 저희 반은 항상 '개선'의 관점에서 피드백을 남기고, 그 과정을 통해 작품을 발전시켜 나갑니다.

좋은 피드백의 예를 보면 단순한 호불호를 넘어서 구체적 상황과 사용성을 고려합니다. 학생들이 남긴 구체적 피드백 예시는 다음과 같습니다.

"비가 올 때 우비를 입어도 따뜻할 것 같아? 여름에 사용하기엔 덥지 않을까?"

"우비가 무거워 보인다? 비버 털을 너무 많이 넣으면 무게가 문제될 것 같아."

"비버 털을 줄이면 어떨까? 대체 소재를 써 경량화해 보자."

(대상은 4학년 학생들이지만) 이처럼 구체적이고 목적 지향적인 의견은 실제 제품 개선으로 이어집니다.

피드백의 관점을 명확히 가르치는 것도 중요합니다. 학생들에게는 학습 목표를 분해해서 피드백하도록 지도합니다. 예컨대, 학습 목표가 '식물의 환경 적응 원리를 활용한 생활용품 제작'이라면, 피드백에는 반드시 '식물의 적응 요소'가 언급되어야 합니다. 단순히 '디자인이 예쁘다'라고만 적는 것이 아니라, '연꽃의 방수 구조를 어떻게 더 잘 적용하면 물 빠짐이 좋아질까?'처럼 원리와 설계의 연결고리를 제시하도록 반복 훈련합니다.

예: "비버 털을 넣었다" → "비버 털은 공기를 품어 보온한다(원리 서술) → 그래서 우비 안감에 적용하면 보온성이 높아진다(적용성과 개선점)."

➡ 이처럼 학생들은 단순 나열이 아닌 '원리의 서술 → 적용 → 개선 제안'의 형태로 피드백을 작성

"그냥 예뻐." "못생겼어."와 같은 피상적인 의견이 아니라 "비가 올 때 우비를 입어도 추운데 따뜻할 수 있어서 여름에 좋을 것 같아." "여름에도 입을 수 있다니, 따뜻하고 너무 덥지는 않을 것 같아." "우비가 너무 무겁게 생겼어." "비버 털이랑 이것저것 많이 넣으면 우비가 무거워질

것 같아." "비버 털을 줄이는 것은 어때?"와 같은 구체적인 피드백을 남겼습니다.

또한 피드백의 관점을 항상 알려 줍니다. 피드백을 할 때 학습 목표를 어떻게 분석할 것인가를 학생들에게 자세히 알려 줍니다. 학습목표의 서술어도 물론 중요하지만, 주어부 쪽에 집중해서 피드백을 남기라고 합니다. 왜냐하면 주어부에서 그 차시에서 다루는 '지식'을 언급하는 경우가 많기 때문이죠.

예를 들어, '식물의 환경에 적응한 원리를 이용한 생활용품을 만들어 봅시다.'라는 학습 목표가 있다면, 주어부에 해당하는 '식물이 환경에 적응한 요소'가 반드시 피드백에 남겨져 있어야 합니다. 따라서 식물의 환경에 적응한 요소를 어떻게 활용해야 이 작품을 더 낫게 만들 수 있을지에 초점을 맞춰 피드백하도록 반복적으로 교육합니다.

이러한 원리를 아이들이 매우 자세하게 적었습니다. "우비 안에 비버의 촘촘한 털이 안에 공기를 품고 있는 따뜻한 원리를 옷 안에 넣었다."와 같이, 단순히 '비버 털을 넣었다.'가 아니라 그 원리가 어떤 것인지 자세히 적어 결과물을 만들도록 합니다.

단원 구성에서도 팀워크 강조하기

탐구 단원(UOI) 구성에서도 협력의 메시지를 적극 반영하려고 노력합니다. 예를 들어, 재능 UOI의 경우, 학생들이 각자의 재능을 스스로 연마하는 것도 중요하지만, 함께 연습하고 공유할 때 더 큰 시너지 효과를 낼 수 있다는 중심 아이디어(central idea)를 세웠습니다. 이는 '개인보다 함께 성장하는 힘'을 강조하는 메시지로, 학습 전체의 방향성을 잡아 줍니다.

더 나아가, 이 메시지를 학생들이 직접 실천하는 활동에도 연결합니다. 이 탐구 단원에서 얻은 깨달음을 바탕으로 학생들은 자신이 얻은 재능을 타인에게 소개하는 재능박람회를 개최합니다. 예를 들어, '글씨 잘 쓰기' 부스 활동에서는, 학생들이 자신만의 글씨 쓰기 노하우를 친구들과 공유하며 협력하는 과정을 통해 함께 연마하는 것의 가치를 자연스럽게 체득하게 됩니다. 이렇게 주제의 핵심 메시지에 협력을 녹여 내면, 수업뿐만 아니라 학생들의 생활 속에서도 함께 성장하는 태도를 지속적으로 실천하도록 유도할 수 있습니다.

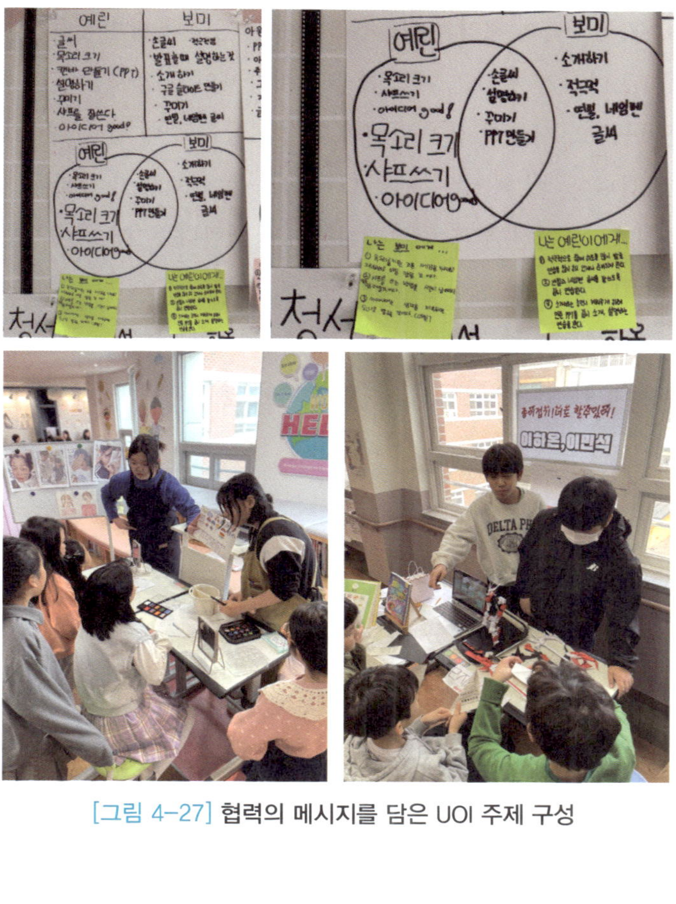

[그림 4-27] 협력의 메시지를 담은 UOI 주제 구성

이처럼 손글씨 재능이 뛰어난 학생들은 1~2주간 꾸준히 연습하며 자신의 기술을 다듬고, 동료 학생들과 부족한 부분을 상호 피드백하며 함께 성장하는 과정을 밟습니다. 이후, 재능 박람회에서는 자신이 준비한 부스를 통해 친구들 앞에서 발표하는 능력도 키우게 됩니다. 특히 '나는 보미에게' 또는 '나는 예린이에게 어떤 도움을 줄 것이다'와 같은 메시지를 넣어 수업의 핵심 가치인 협력과 상호 도움을 자연스럽게 강조하였습니다. 이처럼 전체 활동 구성을 함께 준비하고 서로 도우며 성장하는 과정으로 설계하여, 학생들이 협력의 중요성을 체득하고 실천할 수 있도록 유도합니다. 이는 결국, 개별 재능을 넘어 공동의 성취를 지향하는 교육 철학이자, 학생들의 책임과 배려심을 키우는 중요한 방법입니다.

한편, 종이접기 재능을 가진 학생들은 각자의 강점에 맞게 종이접기 로봇을 만들고, 서로의 접기 방식과 기술을 알려 주며 함께 성장하는 과정을 거칩니다. 이 과정은 '서로 다른 재능을 협력하면 새로운 재능이 만들어지고, 부족한 부분이 채워지면서 발전한다'는 핵심 메시지를 담고 있습니다. 이러한 활동을 3월 첫 번째 UOI로 선정한 것은 우리 반의 협력적 분위기와 공동 성장 의식을 높이기 위함입니다.

UOI 활동이 끝나면, 학생들은 각자 자기 생각과 배운 내용을 바탕으

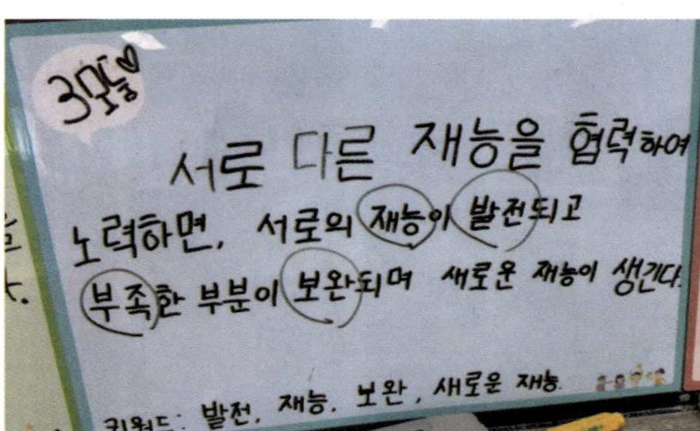

[그림 4-28] 협력의 메시지를 담은 UOI의 중심 아이디어

로 에세이를 작성하며 탐구를 마무리하게 됩니다. 글의 길이와 수준은 다양하지만, 어떠한 학생이라도 1000자 이상은 작성할 수 있도록 지도하여, 자신만의 생각을 시각적으로 정리하고 표현하는 연습을 지속적으로 하게 합니다. 이런 경험을 통해 학생들은 자신의 사고를 언어화하고 타인과 공유하며 자기 표현 능력을 발전시킬 수 있습니다. 이것이 바로 협력과 자기주도 학습을 동시에 강화하는 중요한 과정입니다.

> 이러한 과정들을 거치면서 나는 재능을 향상시키고 발전시킬 때에는 혼자 하는 것보다 다른 이들과 함께 노력하는 것이 더 결과가 좋다는 것을 느꼈다. 또한 어느 정도의 재능은 모두 자신이 노력을 한다면 만들 수 있다고 생각했다. 이번 활동에서는 가장 중요한 것이 '협력'이었는데, 나는 이번 활동을 하면서 친구의 부족한 점들을 서로 채워 주고 뛰어난 점들은 함께 발전해 나가는 것이 협력으로 얻을 수 있는 결과라고 생각했다. 예를 들어, 내 어눌한 발음을 하은이가 고쳐 주고, 나는 하은이에게 더 쉽고 상세히 설명하는 법을 알려 준 것처럼 말이다.
>
> 그러므로 서로 다른 재능을 연결, 협력하여 함께 노력하면, 서로의 부족한 부분이 채워지고, 각자의 재능이 발전하며 재능의 수 또한 늘어난다.
>
> 이번 UOI를 하면서 나는 소통하는 사람이 가장 향상된 것 같다. 왜냐하면 재능박람회를 하기 전, 나는 발표 목소리가 작고 빠를뿐더러 일상생활에서도 모둠 과제를 하며 다른 모둠원들과 의견을 조정할 때 충돌이 자주 있어 불편함이 있었다. 그런데 이번 재능박람회를 준비하며 발표 목소리가 조금이나마 커지고 빠르기가 줄어들었으며, 서로의 의견을 양보하고 배려해 가며 의견을 맞추는 방법을 알게 되었다. 그렇기에 나는 소통하는 사람의 능력이 가장 향상된 것 같다.
>
> 나는 앞으로 나의 다른 재능을 더 알아보고, 발전시키고 싶으며 다른 이들과

> 함께 있을 때도 서로의 재능을 발전시키고 싶다. 왜냐하면 이번 활동들을 통해 선천적이지 않더라도 재능은 노력이 있다면 얻을 수 있다는 것을 알게 되었고, 다른 이들과 함께 협력하면 서로의 재능이 더욱 향상되고 부족한 부분들 또한 채워진다는 것을 알게 되었기 때문이다.

이 활동의 핵심 메시지는 바로 '내가 재능을 발휘하는 과정에서 나의 부족한 점과 친구의 부족한 점이 서로 섞이면서 함께 발전한다.'는 것입니다. 예를 들어, "내가 어눌하게 발음하는 부분을 하은이가 고쳐 주면, 나는 그에게 더 쉽고 자세한 설명 방법을 알려 줘서 서로 도움을 주고받으며 성장할 수 있다."라는 경험이 바로 그 예입니다. 이러한 경험을 통해 학생들은 '함께 노력하면 부족한 부분을 보완하며 더 큰 성장을 이룰 수 있다.'는 자신감과 협력의 중요성을 깨닫게 됩니다.

그래서 저는 항상 '그러므로'라는 말을 먼저 하게 하여, 학생들이 자신이 전달하는 메시지에 대해 명확하게 결론을 내리고, 그 의미를 다시 한번 정리하게 합니다. 이렇게 함으로써 학생들은 자기 생각을 체계적으로 구성하고, 협력과 성장의 연결고리를 자연스럽게 인식할 수 있게 됩니다.

멘티들의 성찰 탐구의 곡선을 함께 그려 나가는 여정

선생님이 말씀하신 탐구의 곡선이라는 표현이 가슴에 와닿습니다. 탐구는 단순한 지식 습득을 넘어 자신을 믿는 확신을 바탕으로 끊임없이 도전하고 성장하는 여정임을 보여 줍니다.

자기 확신은 탐구의 곡선을 타기 위한 필수 조건입니다. 자기 확신이 부족한 학생은 작은 어려움에도 쉽게 좌절하고 포기할 수 있습니다. 교사 역시 마찬가지입니다. 자신의 수업에 대한 확신이 부족하면 학생들을 제대로 이끌어 갈 수 없고 탐구의 여정에서 길을 잃을 수 있습니다.

선생님이 제기하신 질문, 즉 '교사가 생각하는 탐구의 모습과 아이들이 생각하는 탐구의 모습이 일치되지 않을 때' 발생하는 문제에 대해 깊이 고민해 보았습니다. 이는 탐구 수업에서 흔히 발생하는 어려움 중 하나이며 교사와 학생 간의 간극을 좁히는 것이 성공적인 탐구 수업을 위한 중요한 과제임을 시사합니다.

교사는 자신의 탐구에 대한 관점을 학생들에게 강요하기보다는 학생들의 관점을 이해하고 존중하는 태도를 가져야 합니다. 또한 탐구 과정에서 발생하는 어려움에 대해 공감하고 실패를 통해 배우는 경험을 장려하며 긍정적인 피드백을 통해 자신감을 북돋아 주어야 합니다.

교사와 학생 간의 탐구에 대한 인식 차이를 좁히기 위한 노력은 상호 이해와 존중을 바탕으로 이루어져야 합니다.

앞으로 학생들과 함께 탐구의 여정을 걸어가면서 그들의 목소리에 귀 기울이고 그들의 관점을 존중하며 함께 성장하는 교사가 되기 위해 노력할 것입니다.

제5장

탐구 습관 디자인: 매일 성장하는 기적 만들기

1. 탐구 습관이 형성되는 3월을 잡아라

매 학기 3월은 교과 진도를 나가거나 본격적인 탐구를 시작하기보다는 탐구에 필요한 기본 소양을 기르는 데 집중합니다. 첫 번째 UOI(Unit of Inquiry) 전체를 탐구 소양을 기르는 연습 기간으로 활용합니다. 이는 마치 운동선수가 기초 체력 훈련을 하듯, 탐구 능력을 키우기 위한 기본 소양을 기르는 것이 중요합니다.

첫 번째 UOI를 진행하면서 PPT 만드는 방법, 발표하는 방법, 토의하는 방법, 짝과 협력하는 방법 등을 가르칩니다. 아이들에게 발표는 어떻게 해야 하는지, 자료는 어떻게 구성해야 하는지, 상대를 어떻게 응시하면서 말해야 하는지, 개념적 이해는 어떻게 구성해야 하는지 등을 가르칩니다. 이는 마치 수영의 기초 훈련과 같아요. 자유형을 하기 전에 숨쉬는 법과 팔을 움직이는 법을 한 달 동안 계속 반복하는 것처럼요.

피드백, 지금부터 제대로

PPT 제작과 관련하여 아이들과 함께 규칙을 정하는 과정은 협력과

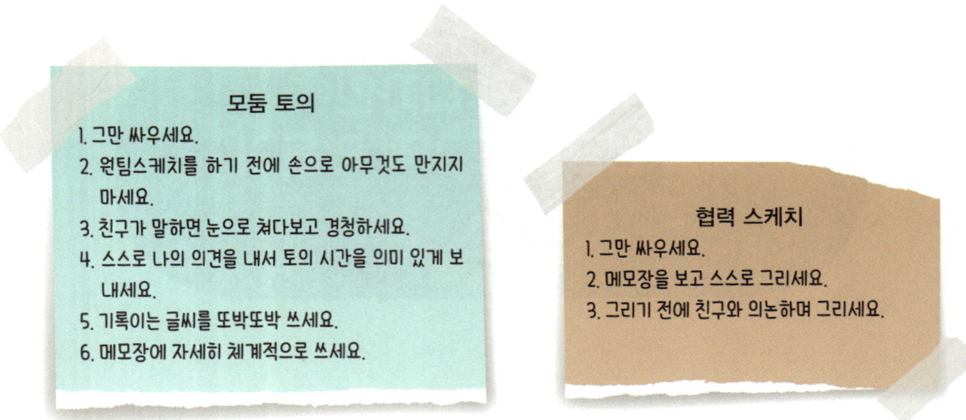

[그림 5-1] **팔레트교실의 토의 규칙**

자기주도적 태도를 기르는 중요한 활동입니다. 예를 들어, "모둠 토의할 때 그만 싸우세요!" "친구가 말하면 몸을 돌려 눈을 마주 보고 들으세요!" "의미 없이 흘러가는 시간이 없도록 내 생각을 적극적으로 이야기하는 연습을 하세요!"와 같은 규칙들을 함께 만들어서 학생들이 공동 규범을 체득할 수 있도록 합니다. 이 규칙들은 단순한 준수사항이 아니라, 책임감과 배려, 적극적 참여를 위한 안내입니다.

또한 글쓰기 지도에서도 학생들이 1~2줄만 써서 끝내려는 경우는 '그 수준밖에 못 해서'가 아니라 쓰기 싫어서라는 이유가 크다는 것을 이해하고, 어떻게 써야 하는지 구체적으로 알려 줍니다. 예를 들어, 잘 쓴 글이란 어떤 구조와 근거를 포함하는지, 체계와 의미를 갖춘 표현이 어떤 것인지를 명확히 설명하고, 그에 맞게 연습할 기회를 제공합니다.

학습 목표를 '이것이다'라고 정했을 때, 학생들이 그 내용을 어떻게 해석하는지에 집중하게 하는 것도 중요합니다. "이것을 어떻게 해석해야 할까?" 이것에 집중해서 쓸 때 좋은 점이 무엇인지 단순히 '예쁘다.' '상상이 잘 드러나네.'라고 적는 게 아니라, '어떤 것들이 어떤 원리와 방법으로 상상을 잘 표현했는지 이유와 근거를 명확히 써야 한다고 지도합니다. 또, '무엇이 어떤 기법을 써서 효과를 냈다.'라는 구조를 사용하게 함으로써 글의 논리성과 구체성을 높이고, 사고력과 표현력을 함께 성장시킵니다. 이렇게 자세하고 구체적인 지도를 통해 학생들은 비단 PPT 제작뿐만 아니라, 자기 생각을 체계적이고 설득력 있게 전달하는 능력을 발전시켜 나갈 수 있습니다.

상상표현이 드러나게 선생님을 표현해 봅시다.

좋은점

□ 가 □ 해서 상상이 잘 드러나!

□ 에서 □ 기법을 써서 상상이 잘 드러나!

선생님을 데페이즈망 기법으로 푸른 하늘로 날려서 상상이 잘 드러나!

➡ 색, 재료 등도 언급

상상표현이 드러나게 선생님을 표현해 봅시다.

아쉬운 점

□ 가 □ 해서 상상이 잘 드러나지 않아서 아쉬워.

□ 에서 □ 하지 않아서 상상이 잘 드러나지 않아서 아쉬워.

선생님을 호안 미로처럼 단순하게 표현하지 않아서 상상이 잘 드러나지 않았기 때문에 아쉬워!

➡ 색, 재료 등도 언급

상상표현이 드러나게 선생님을 표현해 봅시다.

해 보면 좋을 점

□ 를 □ 으로 □ 기법으로 표현한다면 상상이 잘 드러날 것 같아.

선생님을 매직을 사용하여 호안 미로처럼 단순하게 하기 기법으로 표현해 본다면 상상이 잘 드러날 것 같아.

➡ 색, 재료 등도 언급

[그림 5-2] **학습목표를 보고 피드백의 초점 맞추기**

교사가 피드백을 제시하는 장면에서 명확하고 구체적인 시범을 보여 준다면, 학생들은 '아, 이렇게 써야 하는구나.'라는 깨달음을 얻습니다. 적극적으로 구조화하는 연습을 통해, 아쉬운 점을 지적할 때도 "무엇이 무엇 때문에 잘 드러나지 않아서 아쉽다."라는 식으로 구체적인 근거와 함께 설명하는 습관을 기를 수 있습니다. 이에 따라, 모범 답안이나 샘플을 보여 주고, 학생들이 그대로 따라 해 보는 연습도 함께 진행하여 체득하게 합니다. 이러한 능력은 매일 꾸준히 길러 줘야 하는 중요한 습관입니다.

또한 도움을 주는 피드백 역시 '떠오른 대로 자유롭게 쓰는 것'이 아니라, 구체적이고 실천 가능한 방법을 제시하게 지도합니다. 예를 들어, "이 친구가 우리 가족이라고 생각하고, 더 잘했으면 좋겠다는 응원을 하려면 어떻게 해야 할까?" "구체적으로 어떤 도움을 줄 수 있을까?" "어떤 방법을 쓰면 더 잘 드러날까?"와 같은 질문으로 도움의 방향성을 잡아 줍니다.

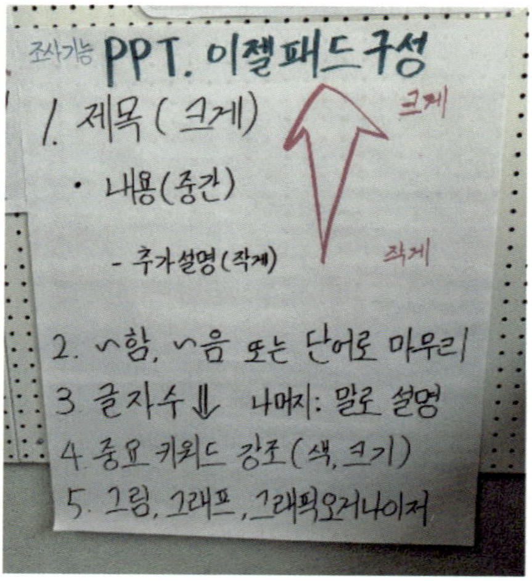

[그림 5-3] PPT 제작 방법

그리고 PPT 제작 방법 역시, 단계별로 구체적 지도를 통해 학생들이 어떤 형식과 표현이 효과적인지 자연스럽게 익히도록 돕습니다. 예를 들어, '제목은 명확하게' '간결한 문장으로 핵심 메시지 전달' '구체적 사례를 넣기' 등을 구체적으로 설명하고 보여 줌으로써, 학생들은 체계적으로 PPT를 구성하는 방법을 반복 연습하게 됩니다. 이처럼 명확한 시범과 구체적 지도를 꾸준히 실천하는 것이 학생들의 사고력과 표현력을 함께 향상시켜 줍니다.

1. 각 페이지는 개조식으로 요약하여 쓰기(~함, ~음 또는 단어로 문장 종결)
2. 항목별 들여쓰기(상위 항목보다 하위 항목은 두타 넣어 써서 구조가 눈에 보이도록, 공문처럼)
3. 통계나 그래프는 반드시 해당 내용을 해석한 내용을 넣고 출처도 밝혀 신뢰도를 높이기
4. 줄글로 적지 말고 흐름, 화살표, 시각적 구조, 인포그래픽 등으로 재구성하여 넣기
5. 제목과 본문을 글자 크기, 색 등으로 구별
6. 중요 내용도 글자 크기, 색 등으로 구별
7. 수치, 통계, 전문 용어 강조

[그림 5-4] PPT 제작을 위한 도움말

PPT 제작에 대한 기술적 연습은 3월 첫날부터 명확하게 지도하는 것이 매우 중요합니다. 학생들이 이러한 기초기능을 확립하면, 나중에 '흰 종이를 던져 주는' 상황에서도 스스로 PPT를 만들 수 있으며, 피드백도 효과적으로 진행할 수 있습니다.

저희 반에서 실제로 이 과정을 진행해 보았습니다. 이 자료는 '오늘날 시민 참여'에 대한 발표 자료입니다. 아래에는 피드백이 쭉 달려 있는데, 내용에 대한 피드백은 이미 충분히 이루어졌기 때문에 지금은 형식적인 부분 배치, 글씨 크기, 색상, 이미지 위치 등에 집중하는 피드백이

대부분입니다. 이는 학생들이 내용을 이미 이해하고 있으니, 형식을 점검해서 최종 자료의 품질을 높이기 위함입니다.

이처럼 명확하게 문제를 제시할 때 학생들은 빠르게 반응하고 개선합니다. 형식적 피드백은 훈련이 필요 없지만, 내용적 고민을 유도하는 질문은 학생 스스로 깨달았을 때 자연스럽게 해결됩니다. 따라서 중요한 것은 어떤 문제는 명확히 제시하고 바로 실행하게 하여, 반복 연습을 통해 '숙달'하는 과정입니다. 이렇게 체계적인 연습이 쌓이면, 학생들은 때로는 스스로 형식을 점검하고, 내용에 대한 깊은 고민을 자연스럽게 수행할 수 있게 됩니다.

[그림 5-5] '오늘날 시민 참여'에 대한 발표 자료에 달린 피드백

〈1모둠〉

1. 잘한 점
   - 지금까지 1모둠이 한 것 중에 베스트
   - 깔끔함

2. 오늘 보완할 점
   - 전체적인 명암과 동작선 표현을 어떻게 하면 좋을까요?
   - 해파리 안에 좀 더 자세한 표현은 어떤 것을 하면 좋을까요?
   - 생각보다 빈 곳이 많은데 바다 안에 무엇을 더 그려 넣으면 좋을까요? (최우선 순위)
   - 추가 표현 더 떠올리기

★수업 중 다 하고 할 것이 없다면?
- 1순위: 추가 표현 더 그려 넣기
- 2순위: 표현 대상에 명암 넣기(확 밝거나 확 어둡게)
- 3순위: 배경, 표현 대상에 패턴 넣기
- 4순위: 그림자 넣기(확 밝거나 확 어둡게)
- 결론: 적극적으로 할 것을 찾아서 하세요.

〈3모둠〉

1. 잘한 점
   - 질감 표현 좋음
   - 강 표현 좋음

2. 오늘 보완할 점(앞으로도 계속 명심)
   - 호랑이 안에 무늬 좀 더 많이 넣기
   - 원숭이 안에도 무늬 많이 넣기
   - 돌을 강 양쪽에 다 넣는 것도 좋은 듯
   - 강에 흰 물감으로 포인트 물결 몇 개 넣기
   - 강 안에 동물 하나 정도는 더 추가
   - 풀밭이 허전함. 추가 동물이나 식물 표현 고민
   - 퐁퐁, 띠골판지, 스티커, 한지 구기기 등 다양한 방법 쓰기(지금 전부 그리기만 함)

★수업 중 다 하고 할 것이 없다면?
- 1순위: 추가 표현 더 그려 넣기
- 2순위: 표현 대상에 명암 넣기(확 밝거나 확 어둡게)
- 3순위: 배경, 표현 대상에 패턴 넣기
- 4순위: 그림자 넣기(확 밝거나 확 어둡게)
- 결론: 적극적으로 할 것을 찾아서 하세요.

[그림 5-6] **모둠별로 다르게 부여되는 미술작품 피드백**

[그림 5-6]의 '미술 작품 피드백 자료'도 마찬가지입니다. 미술 작품 활동 후에 제가 제공하는 피드백인데, 여기서도 아이들의 수준에 따라 피드백 방식을 달리합니다. 배움이 빠른 아이들에게는 "어떻게 하면 더 좋을까?" "이 부분을 볼 때 어떤 점을 고민해 볼 수 있을까?"와 같은 더 개방적인 질문을 던져 그들 스스로 사고를 확장하도록 유도합니다. 반면, 도움이 많이 필요한 아이들에게는 "이 부분을 이렇게 수정하세요." "이 부분에 집중해서 다시 만들어 보세요."와 같은 구체적이고 명확한 지침을 제시하며 기본기를 갖추게 합니다.

〈표 5-1〉 **미술과 기초 기능 익히기**

<table>
<tr><td>필요성</td><td colspan="2">창의적인 표현을 하기 위해서는 기초 기능에 대한 숙달이 필요하다. 표현 재료 및 방법에 대한 직접 교수법 연습을 통해 표현에 대한 자신감을 키우기 위하여 플립러닝을 기반으로 수채화, 소묘, 디지털 드로잉 등을 다양하게 접할 수 있도록 지원하였다.</td></tr>
<tr><td rowspan="5">방법
및
효과</td><td colspan="2">1. 크로키: 플립러닝으로 크로키 이론을 습득한 후 정기적으로 실시
♥관찰에 대한 필요성 인식 및 인물 표현에 자신감을 가지게 됨
2. 수채화 기초 기능: 플립러닝으로 수채도구 사용법 및 표현기법 연습
♥다채로운 표현 방법 습득 및 표현의 선택지 확장
3. 연필 소묘: 연필 잡는 법 및 기본 선 긋기 연습
♥세밀하게 관찰하고 표현하려는 습관 형성
4. 디지털 드로잉: 디지털 협업 드로잉 툴(마그마) 활용하여 작품 표현하기 연습
♥표현 도구 및 방법의 다양화, 수정이 용이하여 실패에 대한 두려움 없이 자신 있게 표현 가능</td></tr>
<tr><td>크로키</td><td>수채 연습</td></tr>
<tr><td></td><td></td></tr>
<tr><td>연필 소묘</td><td>디지털 드로잉</td></tr>
<tr><td></td><td></td></tr>
</table>

이렇게 단계별로 피드백을 차별화하면 기초 소양을 탄탄히 다진 아이들은 자연스럽게, 별다른 지시 없이도 모든 과제를 스스로 잘 수행합니다. 이는 마치 숙련된 운동선수처럼, 체계적으로 연습하고 훈련하는 모습과 비슷합니다. 아이들이 기초를 튼튼히 다진 이후에는 자연스럽게 자율적으로 능력을 발휘하는 환경을 만듭니다. 이 과정이 바로 '시스템화된 성장'의 핵심입니다.

2. 5분 긍정 습관으로 몰입하는 루틴과 탐구근육 습관 만들기

멘티의 질문

Q 탐구의 근육을 키우기 위해 우리 학생들에게 어떤 습관이 필요할까요?

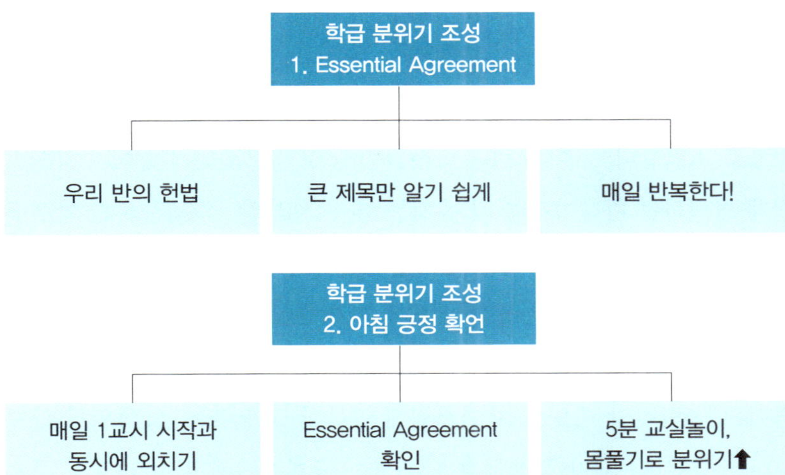

[그림 5-7] 학급 분위기 조성 방법

[그림 5-8] **팔레트교실의 Essential Agreement**

저는 3월 첫날부터 졸업까지 일관된 협력적 태도를 기르기 위해 지속적으로 노력합니다. 이 노력은 학생들이 긍정적인 분위기 속에서 자연스럽게 협력하는 마음가짐을 갖게 하는 데서 시작됩니다. 우리 반 학생들은 등교부터 하교까지 매일 정해진 루틴을 엄수하며, 이를 통해 책임감과 질서 의식을 함양할 뿐만 아니라, 협력의 가치를 몸소 체득하게 됩니다.

이 루틴은 약 190일 동안 반복되며, 학생들이 익숙한 일상에서 긍정적이고 협력적인 태도를 자연스럽게 습득할 수 있도록 설계되어 있습니다. 이제부터 제가 학생들과 함께하는 구체적인 루틴의 과정과 내용을 차근차근 설명하겠습니다. 이를 통해 학생들이 수업 시간뿐만 아니라 일상생활에서도 모두가 함께 성장하고 배려하는 문화를 만들어 가는 데 중요한 역할을 하고 있다는 점을 강조하고자 합니다.

이것이 바로 저희 반의 긍정적인 문화의 시작입니다. "우리는 상대를 존중하고, 부정적인 생각을 버리고, 용기 있게 인정하며, 최선을 다하며, 우리는 상대의 말을 경청한다."라는 약속을 함께 외치면서, 학생들은 의식을 깨어 내고 스스로 태도를 다잡습니다. 이 활동에 저는 앤디 워홀 스타일의 미술 작품으로 만든 결과물과 설명을 더해 학생들이 적극적으로 참여하도록 유도합니다.

아침 긍정 확언

특별한 아침 긍정 확언 시간입니다.

매일 아침, 이 약속을 외치는 시간을 갖는 것은 단순한 행동이 아니라, 학교생활의 긍정적 에너지를 충전하는 일입니다. 수업 시작을 앞두고 학생들이 한마음으로 약속을 다짐하며 하루를 힘차게 열 수 있게 하는 것이죠. 1교시 시작과 동시에 이 활동을 반복하며, 매일 5분씩 교실 놀이를 통해 분위기를 끌어올립니다. 이는 학생들의 끈끈한 연대감과 활력을 높이는 가장 효과적인 방법입니다.

많은 선생님이 아침부터 학생들에게 활력을 불어넣기 어렵다고 느끼실 수 있는데, 저는 학기 초부터 분위기를 주도적으로 조성하며 자연스럽게 학생들이 자유롭게 활약할 수 있는 분위기를 만들어 갑니다. 결국, 이런 작은 습관이 쌓이면서 교실은 더욱 활기차고 따뜻한 공간으로 변화하고, 수업 효과도 극대화된다고 믿기 때문입니다.

학생들과 함께 큰 목소리로 다음을 외쳐 봅시다.

[그림 5-9] 아침 긍정 확언의 예

"나는 상대를 존중합니다!"

"나는 부정적인 생각을 버립니다!"

"나는 잘못된 것을 용기 있게 인정합니다!"

"나는 모든 일에 최선을 다합니다!"

"나는 상대의 말을 경청합니다!"

이처럼 저희 수업은 단순히 지식을 전달하는 것에 그치지 않고, 학생들이 서로를 존중하며 긍정적인 마음으로 참여하고, 자신의 잘못을 인정하며, 모든 일에 최선을 다하는 태도를 자연스럽게 기를 수 있는 공동체 문화를 만들어 가는 공간입니다. 제가 강조하는 다섯 가지 핵심 가치 '존중, 긍정, 용기, 최선, 경청'이 바로 그 체계적 토대입니다. 이 가치를 실천할 때, 학생들은 서로를 이해하고 협력하며, 자신의 성장뿐만 아니라, 반 전체 공동체의 건강한 분위기를 만들어 갑니다.

공동체 의식

저는 항상 학생들에게 비유와 영감을 주는 이야기를 통해 공동체 의식의 중요성을 강조합니다. 예를 들어, "얘들아! 교실은 하나의 어항이야. 누군가 검은색 잉크 한 방울을 떨어뜨리면 그 물은 더 이상 맑지 않고, 모두가 함께 호흡하는 물이 오염되어 버려. 이렇게 부정적인 분위기는 쉽게 퍼져서 반 전체를 짓누를 수 있어. 그래서 매일 아침마다 우리 모두가 제대로 된 마음가짐을 갖고 시작하는 게 정말 중요하단다."

이 비유는 학생들에게 '공동체의 소중함'과 '긍정적 분위기의 영향력'을 강하게 일깨워 줍니다. 물고기 어항처럼, 우리 교실도 모두가 연결된 하나의 생명체입니다. 한 사람의 부정이나 불화가 전체를 흔들 수 있다는 것을 명확히 알고, 맑고 건강한 분위기를 유지하는 것이 얼마나 중요한지 깨닫게 하는 것이죠.

저는 이 공간을 단순한 지식을 공유하는 장소가 아니라, 학생들이 함께 배우고, 서로에게 긍정적 에너지를 주고받으며 성장하는 '작은 공동체'로 만드는 데 초점을 맞춥니다. 그 역할은 마치 훌륭한 축구 감독이나 오케스트라 지휘자처럼, 학생들의 잠재력을 이끌어 내고 조화를 이루게 하는 것과 같습니다. 이렇게 매일 새로운 동기와 열정을 불어넣으

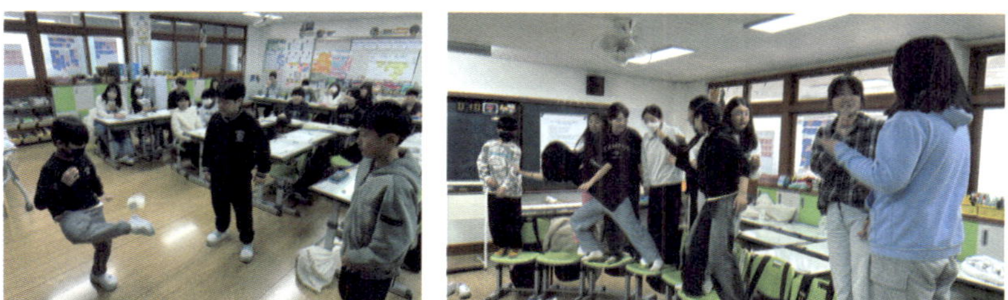

[그림 5-10] 아침 5분 교실놀이 장면

며, 학생들이 스스로 주도하는 건강한 교실 문화를 만들어 가는 것이 저의 목표입니다.

우리 반의 구호는 아주 강력하고 의미가 깊습니다. 바로 "할 때 팍! 쉴 때 푹!" 우리가 열심히 일을 할 때는 에너지를 최대로 발휘하고, 쉴 때는 충분히 쉬어야 몸과 마음이 건강하게 유지될 수 있죠. 이렇게 일과 휴식을 균형 있게 가지면서, 모두가 더 큰 힘으로 성장할 수 있는 환경을 만든 것입니다.

또한 아까 언급한 대로 저희 반은 5가지 핵심 가치를 매일 외칩니다. 그건 바로 상부용모경, 즉 상대를 돕고, 부정적 생각을 버리고, 용기 내어 인정하며, 모든 일에 최선을 다하고, 상대의 말을 경청하는 태도입니다. 이 다섯 가지 덕목을 실천하는 것이 진짜 '효용'을 만드는 데 필수적입니다.

가장 중요한 것은 바로 꾸준한 실천과 긍정적인 분위기 조성입니다. 교사인 저 역시 항상 밝은 미소와 따뜻한 격려를 잊지 않으려고 애쓰고, 학생들 하나하나가 자신의 최선을 다하며 자연스럽게 긍정 에너지를 품어갈 수 있도록 돕는 촉매제 역할을 충실히 수행하려고 합니다. 그러면 우리 반 전체가 활기차고 따뜻한 공동체로 자라날 수 있습니다. 함께 힘을 모아, 앞으로도 간절히 원하고 실천하는 우리 반의 특별한 힘을 만들어 갑시다!

3. 생각을 키우는 글쓰기: 세 줄 쓰기의 기적

멘티의 질문

Q 아이들이 글쓰기에 흥미를 느끼고 논리력과 표현력을 향상시키도록 돕기 위한 효과적인 지도 방법은 무엇일까요?

나의 생각을 글로 표현하는 것이 익숙하지 않은 요즘 아이들입니다. 항상 지식과 정보를 수동적으로 수용하던 아이들이 주도적으로 나의 생각을 바깥으로 꺼내게 될 때 처음에는 다소 어려워 보였습니다. 하지만 그렇게 생각을 꺼내는 것도 '습관'입니다.

학생들은 아침에 등교하자마자, 교실 칠판 앞에 놓인 '글쓰기 달력'의 주제를 보고 자리에 착석하여 스스로 책상 속에 있는 세 줄 쓰기 노트를 꺼내 주제 글쓰기를 합니다. 세 줄 쓰기 주제는 보통 생각을 꺼내는 데 부담이 적은 재미있고 말랑말랑한 주제들입니다(예: 급식에 나온 마음에 드는 반찬과 들지 않는 반찬 중 어느 것을 먼저 먹나요?). 주제를 보고 생각

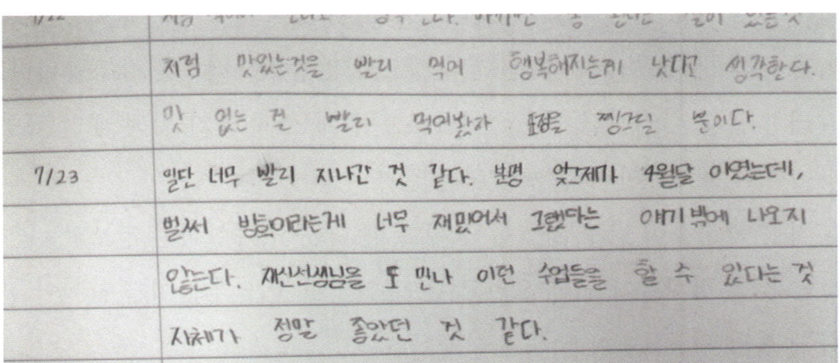

[그림 5-11] **세 줄 쓰기의 사례**

을 쓸 때 반드시 이유를 적도록 하여 자신의 생각을 뒷받침하는 습관도 기르도록 했습니다. 다 쓰고 난 뒤 보조 칠판에 있는 '다했어요' 자석을 자신의 이름이 적힌 칸에 붙인 뒤 1교시 직전까지 잠깐의 휴식을 가집니다.

앞서 설명한 대로 저는 아이들에게 매일 배운 내용을 자신만의 이야기로 재구성하여 배움 노트에 에세이처럼 쓰도록 지도합니다. 마치 요리사가 신선한 재료를 사용하여 새로운 요리를 창조하듯, 아이들은 자신이 경험한 것을 바탕으로 세상에 단 하나뿐인 이야기를 만들어 낼 수 있습니다. (제6장에서 자세히 설명하였습니다.)

저는 아이들에게 기초 학습 습관을 기르게 하기 위해 다소 많은 과제를 부여합니다. 아이들이 힘들어하고 투덜댈 수 있겠지만 저는 결코 타협하지 않습니다. 아이들의 잠재력을 믿고 최선을 다하도록 격려하는 것이 교사의 가장 중요한 역할이라고 믿기 때문입니다.

아이들이 처음부터 세 줄 쓰기를 어려워하는 이유는 앞에서 설명한 대로 주어진 자료와 정보를 받아들이는 데만 익숙하고 자신의 생각을 꺼내는 경험이 부족하기 때문입니다. 평소 책을 많이 읽고, 글쓰기를 꾸준히 연습하는 아이들은 비교적 쉽게 세 줄을 써 냅니다.

수업 중 저는 항상 피드백 조건으로 "너의 생각이 얼마나 들어가 있느냐?" "이 내용을 어떻게 자신만의 것으로 만들었느냐?"를 강조합니다. 그러한 글을 수업시간에 조금이라도 손쉽게 쓰게 하기 위해 매일 아침 아이들이 등교하면 세 줄짜리 짧은 글쓰기를 시키는 거죠.

저는 학생들이 탐구 자료를 구성할 때 단순히 사실적인 정보만 나열하는 것을 경계합니다. 중요한 것은 내 생각이 반드시 들어가 있어야 한다는 점입니다.

교과시간에는 아이들의 글쓰기 실력을 향상시키기 위해 인공지능 글쓰기 평가 플랫폼을 적극적으로 활용합니다. 인공지능이 제시하는 객관적인 데이터를 통해 아이들은 자신의 강점과 약점을 파악하고 스스로 발전할 수 있도록 돕는 것이죠. (제6장에서 자세히 설명하였습니다.)

아이들에게 글쓰기는 세상을 탐구하는 도구이자 자신을 표현하는 언어이며 미래를 디자인하는 힘입니다. 아이들이 글쓰기를 통해 논리력과 표현력을 향상시키고 자신의 생각을 명확하게 전달할 수 있도록 돕는 것이 우리 교사들의 소중한 임무입니다.

4. 스스로 답을 찾는 즐거움: 질문하는 습관 만들기

멘티의 질문

Q 어떻게 '스스로 질문하는 습관'을 기르고 '수준 높은 질문'을 하도록 도울 수 있을까요?

아이들에게 추상적인 개념을 직접적으로 설명하려 애쓰기보다는 아이들의 일상생활 속에서 자연스럽게 개념을 경험하도록 돕는 것이 더욱 효과적입니다. 질문은 결코 어려운 숙제가 아닙니다. 오히려 아이들의 뇌를 깨우고 탐구심에 불을 지피는 놀라운 힘을 지니고 있습니다.

저는 수업 시간에 아이들에게 묻습니다. "질문을 왜 할까? 그런 바로 친구 생각을 알아보고, 나의 생각에 보완하여 더 키우기 위함이야!"

수준 높은 질문은 저절로 만들어지는 것이 아닙니다. 교사의 끊임없는 노력과 아이들에 대한 깊은 이해를 통해 섬세하게 디자인되어야 합니다.

질문을 왜 하는가

질문을 하는 이유는 바로 깊이 있는 이해를 위해서입니다. 질문을 통해 단순한 사실을 넘어서 그 이면의 원리와 이유를 탐구하게 되고, 그 과정에서 개념적 사고와 문제 해결 능력이 키워집니다. 예를 들어, 포항에서 주유소를 보고 '왜 대구보다 휘발유 가격이 쌀까?'라는 의문을 갖고, 집에서 아내와 함께 이야기를 나누면서 그 질문의 답을 찾으려고 노력하는 과정이 매우 재미있었던 기억이 있습니다.

이렇게 질문을 만들어 내고 그에 대한 해결책을 찾기 위해 노력하는 습관은 단순히 정보를 암기하는 것을 넘어 진정한 사고력과 분석력을 길러 줍니다. 결국 질문이 깊어지고 명확해질수록 우리가 배우는 내용도 더 의미 있고 오래 기억에 남으며, 상황에 맞게 융통성 있게 적용할 수 있게 됩니다. 질문을 통해 사고의 폭을 넓히고 자연스럽게 탐구하는 태도를 길러 주는 것이 바로 교육의 핵심입니다.

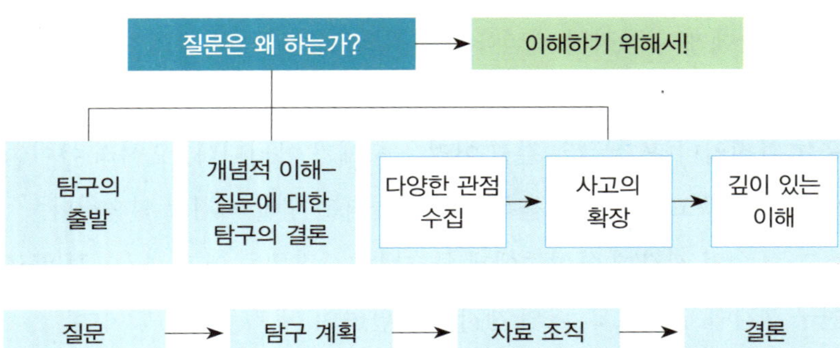

[그림 5-12] 질문의 이유

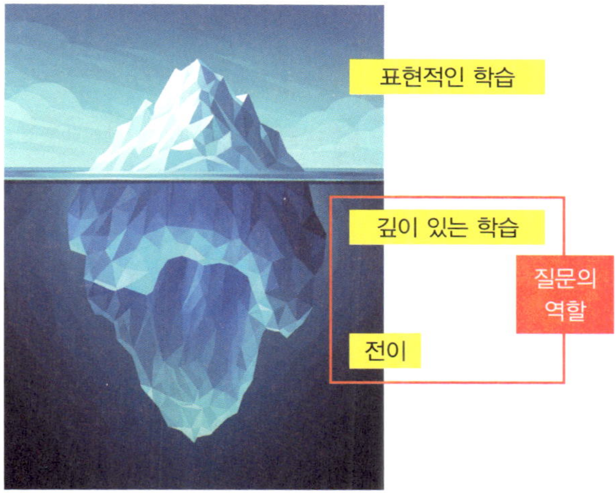

[그림 5-13] **질문의 역할**

교과서에서 배우는 기본적인 내용은 표면적인 지식, 즉 빙산의 일각에 지나지 않습니다. 그 아래 숨겨진 깊이와 원리, 그리고 이를 실제 삶과 연결하는 삶의 전이는 질문을 통해서만 탐구할 수 있습니다. 질문은 우리가 이해하지 못한 부분, 그리고 내면화되지 않은 개념과 원리를 꺼내어 다시 생각하게 만드는 강력한 도구입니다.

만약 선생님이 강의 형식으로 딱딱 내용을 전달한다면, 학생들은 '아, 그렇구나'하고 지나치는 경우가 많죠. 제가 고등학교 때 근의 공식이 무엇인지는 기억나지만, 그 공식이 어떻게 증명되는지, 즉 드모르강의 법칙과 어떻게 연결되는지는 지금 전혀 기억하지 못합니다. 그것은 어쩌면 암기 위주의 수업을 했기 때문일 겁니다. 하지만 질문 중심 학습이 활성화되면 학생들은 단순히 외운 것을 넘어 이해하는 깊이로 들어갈 수 있죠. 질문은 우리의 사고를 자극하고, 원리와 원칙을 직접 탐구하게 하며, 진짜 의미를 내 것으로 만드는 길입니다. 그렇게 질문을 통해 배운 내용이 오히려 삶과 미래에 더욱 깊게 연결될 수 있습니다.

질문을 통한 학습

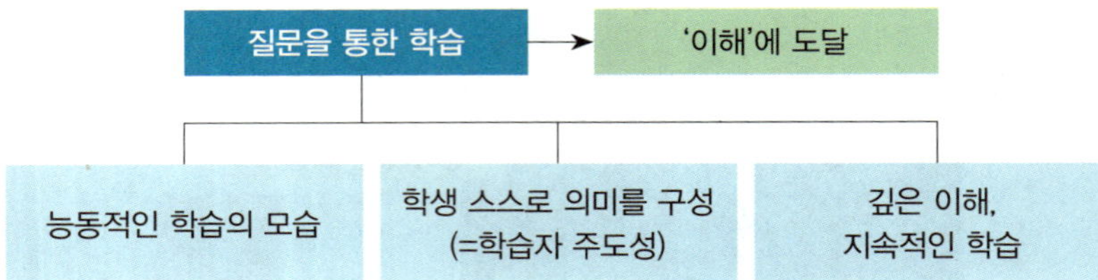

[그림 5-14] **질문의 효과**

질문을 통한 능동적 학습은 단순히 외운 내용을 떠올리거나 암기하는 것보다 훨씬 더 오래 기억에 남습니다. 왜냐하면, 학생들이 스스로 질문을 만들고, 그 질문에 대한 답을 찾으며 학습의 주체가 될 때, 학습 과정에서의 참여감과 흥미가 자연스럽게 높아지기 때문입니다. 이 과정에서 학생들은 학습에 대한 책임감도 느끼게 되고, 자신이 직접 탐구한 내용에 자부심을 갖게 됩니다.

더 나아가, 이러한 능동적 학습은 지속적인 탐구라는 습관을 형성하는 데 매우 효과적입니다. "이것을 내가 탐구했으니, 앞으로 더 알아보고 싶다."라는 마음가짐이 생기면서, 학습은 끝이 없는 여정이 되고, 자율적 자기주도 학습 능력도 함께 키워집니다. 결국, 능동적으로 질문하고 답하는 과정이 학생들의 사고력과 지속적 성장에 든든한 밑거름이 되는 것이지요.

질문의 유형

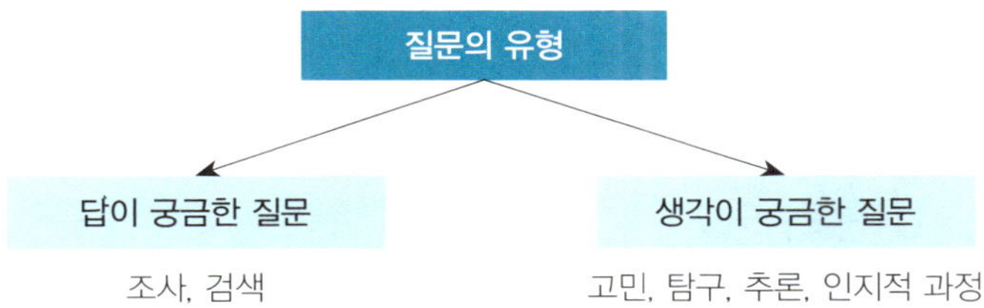

[그림 5-15] 질문의 유형

질문의 유형은 크게 두 가지로 나눌 수 있습니다. 하나는 답이 궁금한 질문으로, 이 질문은 사실과 정보를 조사하거나 검색, 구글링 또는 인공지능에게 물어봐서 쉽게 답을 찾을 수 있는 유형입니다. 예를 들어, "대한민국의 수도는 어디인가?" 또는 "근의 공식이 무엇인가?"가 이에 해당하죠. 이러한 질문은 지식을 확인하는 데 유용하지만, 사고의 깊이와 창의성을 키우기에는 한계가 있습니다.

반면, 생각이 궁금한 질문은 학생들이 내면적으로 사고하고, 자신의 관점과 고민을 풀어내는 질문입니다. 예를 들어, "이 사건이 우리 사회에 어떤 의미를 갖는 것일까?" "이 개념이 내 삶에 어떻게 적용될 수 있을까?"와 같은 질문입니다. 이러한 질문은 답을 찾기 위해 탐구와 자기 반성을 필요로 하고, 학생들이 스스로 사고의 방향을 잡으며 의미를 만들어 가는 과정이 중요합니다.

그러나 대부분의 기존 교과서 문항이나 평가 방식은 답이 궁금한 질문을 바탕으로 정답을 맞추는 방식에 머무르고 있기 때문에, 학생들의 사고력과 창의력을 충분히 촉진하지 못하는 한계가 있습니다. 이런 문제를 해결하려면, 생각이 궁금한 질문을 유도하고 이를 심화하는 평가와 수업 설계가 필요합니다.

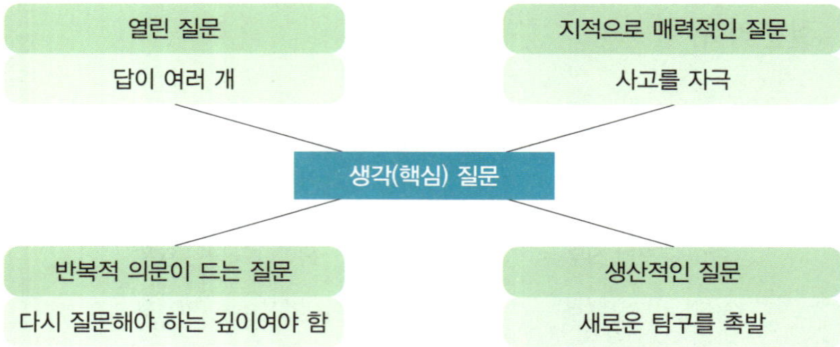

[그림 5-16] **생각이 궁금한 질문의 특징**

이제 시대는 변화했고, 단순히 기존의 지식을 암기하는 것만으로는 충분하지 않습니다. 중요한 것은 그 지식을 바탕으로 내 생각을 끄집어내고, 이를 탐구와 추론 과정을 통해 확장하는 질문을 만드는 것입니다. 이러한 질문은 여러 가지 가능한 답변을 낼 수 있어야 하며, 사고의 폭이 넓고 깊어야 하고, 반복적이고 발전적인 탐구를 유도하는 "그래서?"와 같은 질문적 연쇄를 만들 수 있어야 합니다. 이 질문이 바로 핵심 질문이 될 수 있습니다.

그렇다면 답이 궁금한 질문은 쓸모없거나 부차적인 것일까요? 절대 그렇지 않습니다. 오히려 답이 궁금한 질문이 기초 지식을 쌓고 개념어를 형성하는 데 중요한 토대임을 잊지 말아야 합니다. '상대성 이론'을 가지고 질문을 만들어 보라고 요청하면, 아이들은 질문을 만들 수 없습니다. 왜냐하면 상대성 이론이 무엇인지 모르기 때문이죠. 깊은 이해를 하기 위해서는 간단한 기초 지식을 묻고 답하는 '답이 궁금한 질문'을 먼저 만들어 보는 것에서 출발해야 합니다. 아는 것이 있어야 질문할 수 있습니다. 즉, 답이 궁금한 질문을 충분히 주고받으며 지식을 쌓아야만, 그다음 단계인 높은 수준의 사고를 이끄는 질문을 만들 수 있습니다. 이 과정을 통해 학생들은 보다 풍부하고 깊이 있는 탐구를 할 수 있으며,

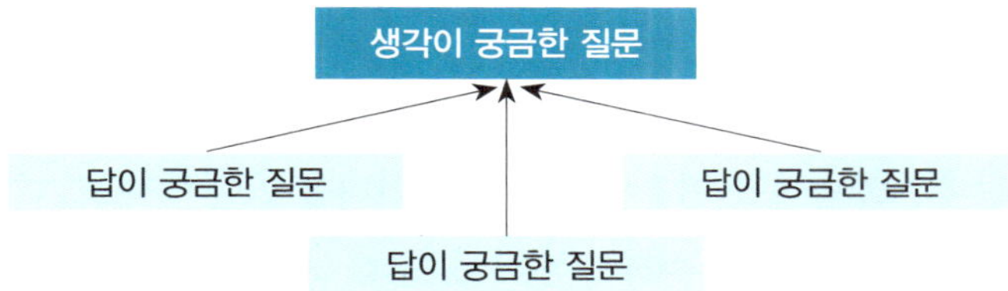

[그림 5-17] 질문적 연쇄

'이것이 왜 중요한가?' '이것이 내 삶과 어떻게 연결되는가?' 같은 질문에 대한 답도 자연스럽게 찾아낼 수 있게 됩니다.

하나, 둘, 셋의 답이 모여서 더 깊은 생각이 궁금한 질문으로 자연스럽게 발전하도록 유도하는 것이 핵심입니다. 이 과정은 학생들이 기초적 사실을 이해한 후, 그것을 바탕으로 왜 그런지, 어떻게 연결되는지에 대해 스스로 생각하게 만드는 구조입니다.

제가 아까 말씀드린 것처럼, 피드백을 줄 때도 처음에는 명확한 정답을 체크하는 단계로 시작합니다. 예를 들어, "이 문장에서 전하려는 핵심 메시지는 무엇이니?"라고 묻고, 그 답을 통해 기본 개념을 확실히 잡게 한 후, "이제 네가 직접 해 봐."라고 하여 학생들이 스스로의 생각을 한 단계 더 발전시킬 수 있도록 합니다.

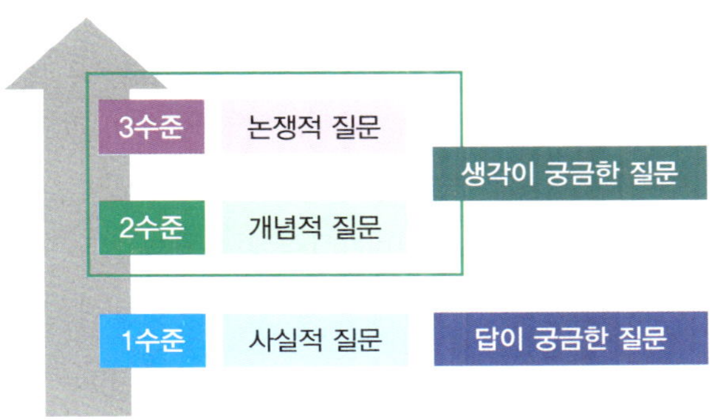

[그림 5-18] 질문의 수준

이런 방식은 학생들의 사고력에 큰 힘이 되고, 결국은 답이 여러 개인 질문을 만들어 내는 사고력을 키우는 방식입니다. 정답을 먼저 명확히 하는 훈련 후, 그 답들을 연결하며 새로이 의미를 만들어 내고, 더 발전된 질문을 만들어 가는 선순환 구조가 바로 학생들의 생각 근력을 강화하는 핵심 방법입니다.

질문의 단계

질문의 단계는 일반적으로 세 가지로 나누어지지만, 저는 그것들을 좀 더 재구조화해서, 제 방식에 맞게 구성했습니다. 먼저, 사례를 소개하고, 함께 실습하며 자연스럽게 사실적 질문에서 시작해 개념적 질문으로 나아가고, 결국 이해와 사고를 촉진하는 '너는 어떻게 생각해?'라는 논쟁적 질문으로 연결하는 순서를 정리하는 것이죠.

이 과정은 단순히 단계별 순차적 진행이 아니라, 자연스럽고 유기적으로 이루어져야 합니다. 먼저 학생들이 쉽게 접근할 수 있는 사실적 질문부터 시작하면, 그들이 이미 알고 있는 것 또는 쉽게 떠올릴 수 있는 정보를 기반으로 사고를 확장할 수 있습니다. 이어서 개념적 질문을 통해 좀 더 깊은 원리와 구조를 탐구하고, 마지막으로 논쟁적 질문으로 학생들이 자신의 주관적 사고와 해석을 말하게 합니다.

이 모든 과정이 병렬적으로 일어나는 것이 아니라, 차근차근 단계별로 이루어져야 학생들이 자연스럽게 성장하고, 사고의 깊이와 폭이 동시에 확장된다는 것이 핵심입니다. 이렇게 설계된 질문 구조는 학생들이 점진적으로 사고력을 키우고, 스스로 질문을 만들어 내는 힘을 기르게 하는 매우 효과적인 방법입니다.

질문 만들기 연습

질문 만들기 연습
- 어떻게 만드는지 명시적으로 교육 및 훈련
- 재밌고 쉬운 것부터 자주 연습(3월은 거의 매일)
- 질문 만들기 전에 사전 지식 주입

[그림 5-19] 질문 만들기 연습의 유의점

이제 실제 수업에서 질문을 어떻게 활용하는지 설명하겠습니다. 먼저, 우리가 사용할 여섯 가지 질문 유형을 정리해 봅시다. 이 역시 직접 실습하며 익혀 보시기 바랍니다. 질문 만들기 연습은 어렵지 않으며, 기초 단계부터 차근차근 진행하는 것이 중요합니다. 예를 들어, "얘들아, 질문을 멋지게 만들어 볼까? 이번에는 논쟁적 질문을 만들어 보자!"라고 말하면 학생들이 쉽게 이해하지 못할 수 있습니다. 그래서 먼저 질문의 의미와 왜 질문을 만들어야 하는지, 질문의 역할에 대해 충분히 이해

동요를 듣고 질문을 만들어 봅시다!

화창한 봄날에 코끼리 아저씨가 가랑잎 타고서 태평양 건너갈 적에
고래 아가씨 코끼리 아저씨 보고 첫눈에 반해 스리슬쩍 윙크했대요
당신은 육지 멋쟁이
나는 바다 예쁜이
천생연분 결혼합시다(어머 어머 어머 어머)
예식장은 용궁예식장
주례는 문어 아저씨
피아노는 오징어
예물은 조개 껍데기

[그림 5-20] 동요 〈코끼리 아저씨〉

출처: 변규만(1982). 〈독도는 우리땅〉.

시키는 것이 필요합니다.

이해가 되었다면 학생들은 다음을 따라 질문 만들기 연습을 합니다. 〈코끼리 아저씨〉라는 동요를 활용해서 질문을 만들어 보는 연습입니다. 이 과정을 통해 학생들은 본격적으로 질문 만들기를 익히기 전에 질문의 구성과 의미, 그리고 단계별로 사고를 확장하는 방법을 체득하게 될 것입니다.

질문에 대한 마음 문 열기

이제 학생들과 함께 질문 만들기 연습을 시작합니다. 예를 들어, 태평양을 건넜다라는 표현에 대해 생각해 봅시다. 태평양의 범위는 어디부터 어디까지인지, 아시아에서 아메리카 대륙까지 왕복하는 모습은 어떤 의미일지, 그리고 '건넜다'라는 말이 갖는 상징적 의미도 함께 고민해 봅니다. 이 질문은 쉽게 떠올릴 수 있는 사실에서 출발하지만, 그 너머의 의미와 원리까지 사고하게 만듭니다.

또 하나는 '아저씨'라는 말인데요, '왜 코끼리 아저씨는 '아저씨'라고 했을까?' 이것도 재미있는 질문이고, 우리가 일상에서 사용하는 용어와 문맥을 생각하면서 그 의미를 확장할 수 있습니다.

이번 활동의 핵심은 동요를 듣고 난 뒤 자연스럽게 '왜?' '어떻게?' '무엇을?'이라고 묻는 질문을 만들어 보는 것입니다. 학생들이 상상력과 사고력을 동시에 기를 수 있도록 도우면서, 각각의 질문에 대해 여러 가지 답변이나 해석을 시도하게 하는 것이 중요하죠. 학생들에게 어렵지 않은 동요를 들려주고, 학생들이 적극적으로 질문을 만들어 내며 질문을 만드는 것이 어려운 것이 아님을 깨닫게 합니다.

[그림 5-21] 〈코끼리 아저씨〉에서 만들어진 질문들

질문의 유형 구분하기

답이 정해져 있는 질문

질문의 유형을 구분하는 것은 매우 중요한데, 특히 교육 현장에서 학생들이 사고력과 이해의 깊이를 키우는 데 큰 역할을 합니다. 예를 들어, 사실적 질문은 학생들이 이미 알고 있는 사실이나 정보에 대해 묻는 것으로, 정답이 명확하고 답이 쉽게 도출됩니다. "선생님은 몇 살일까요?" "이 배는 무엇인가요?" 같은 질문이 여기에 해당하며, 이는 블룸의 교육목표 분류에서 '지식' 단계에 가장 가깝죠.

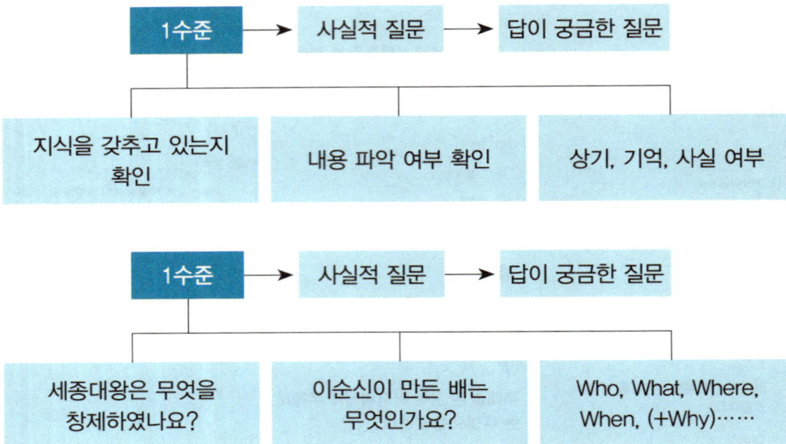

[그림 5-22] **사실적 질문**

이런 질문들은 학생들이 지식을 정확히 기억하고 있는지 평가하는 데 적합하며, 기말고사와 같은 형식적 평가에서 많이 사용됩니다. 그러나 이런 질문들은 사고의 수준이 낮기 때문에, 답변이 정해져 있고 여러 답을 기대하기 어려운 경우가 많습니다.

반면, 'Why'를 포함한 개념적 또는 탐구적 질문은 답이 여러 가지일 수 있고, 보다 깊은 사고와 이해를 요구하는 질문입니다. 예를 들어, "세종대왕이 훈민정음을 창제한 이유는 무엇일까?" 또는 "이순신이 만든 배는 어떤 특징이 있었을까?"와 같은 질문은 표면적 답변을 넘어 문제의 원리와 맥락을 생각하게 만듭니다. 답이 여러 개일 수 있고, 답변이 드러나지 않거나 '왜 그런 것일까?'라는 질문의 품질에 따라 학생의 사고 수준이 차별화됩니다.

이처럼 질문을 사실적 질문에서 출발하여 개념적 질문으로 연결하여 적절히 활용하면, 학생들이 단순 암기에서 벗어나, 사고력과 문제 해결 능력을 자연스럽게 키울 수 있습니다.

영암 원님이 갑자기 죽어 저승에 갔다. 염라대왕은 영암 원님에게 죽을 때가 아니지만 그냥 돌려보낼 수 없으니 저승에 인정을 베풀고 가라고 했다. 저승에는 이승에서 적선한 것이 쌓여 있는 곳간이 있는데, 베푼 것이 거의 없었던 영암 원님의 저승 곳간에는 짚 한 단밖에 없었다. 저승사자가 덕진의 곳간에 노적이 쌓였으니 그것을 빌려서 인정을 베푼 후 이승에 돌아가서 갚으라고 했다. 영암 원님은 저승사자가 시키는 대로 하였고, 이승에 돌아와 덕진강 근처 주막집 중노미로 일하는 덕진을 찾아갔다. 원님이 자초지종을 이야기하고 쌀 삼백 석을 갚으려고 하자, 덕진은 자신은 모르는 일이니 안 받겠다고 끝내 사양하였다. 그래서 원님은 쌀을 갚는 대신 주민을 위해 덕진강에 다리를 놓고 덕진의 이름을 따서 '덕진다리'라고 했다.

[그림 5-23] 〈덕진다리〉 이야기

출처: 덕진다리. 한국민속대백과사전. https://folkency.nfm.go.kr/topic/%EB%8D%95%EC%A7%84%EB%8B%A4%EB%A6%AC

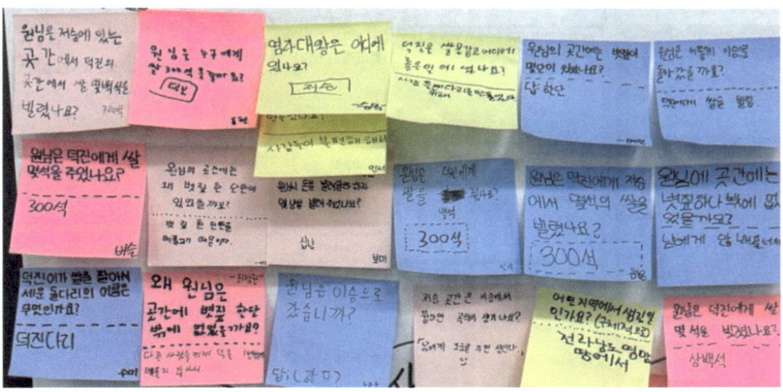

[그림 5-24] 사실적 질문의 예

답이 여러 개인 질문으로 넘어가기 전에, 답이 정해져 있는 질문을 생성해 보는 것은 학생들이 자연스럽고 부담 없이 질문을 연습할 수 있도록 하는 것이 매우 중요한 단계입니다. 예를 들어, 국어 교과서에 실린 '저승에 있는 곳간'을 읽은 이후에 나오는 '질문에 답해 봅시다' 코너의 질문들은 대부분 이미 답이 정해져 있거나 명확한 정보에 기반한 질문입니다. "원님의 곳간에는 볏짚이 몇 단 있었나?" 또는 "원님은 덕진에게 쌀 몇 석을 주었나?" 같은 질문들은 정확한 텍스트 내용을 바탕으로 답을 찾는 것이기 때문에 학생들이 쉽게 자신감을 가지고 질문을 만들어 볼 수 있습니다.

이 단계에서는 학생들이 질문의 형식과 자연스러운 사고 흐름을 익히게 하면서, 답이 정해져 있는 질문에 적응하는 것이 목표입니다. 이를 통해 학생들은 질문하는 것에 대해 부담을 느끼지 않고, 말과 글로 표현하는 연습을 차근차근 진행하는 것이죠. 이후, 점차적으로 질문의 난이도를 높여 답이 여러 개인, 더 창의적이고 탐구적인 질문으로 넘어갈 준비를 하는 것이 좋은 지도 방법입니다.

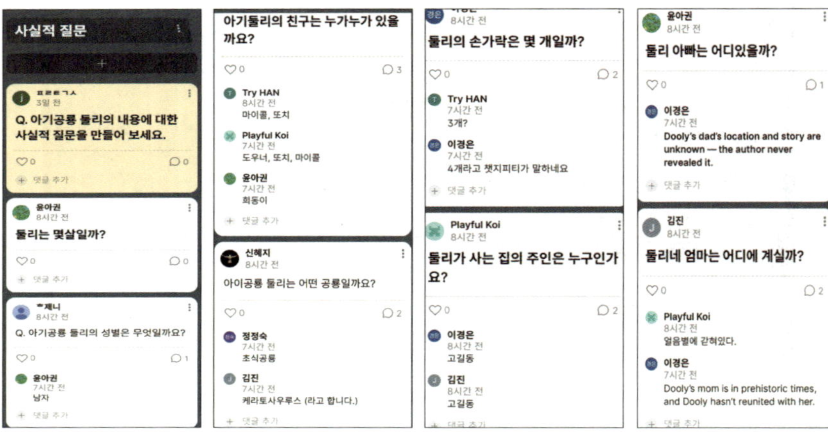

[그림 5-25] **사실적 질문 만들기 교사 실습**

생각이 궁금한 질문

이제 생각이 궁금한 질문의 네 가지 유형을 소개하며, 학생들이 답이 여러 개인 상황에서 문제를 분석하고 다양한 관점에서 사고할 수 있도록 지도할 계획입니다.

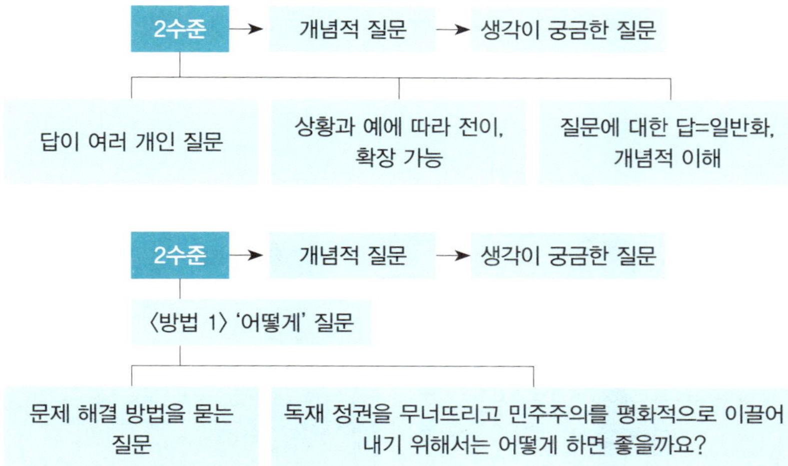

[그림 5-26] **개념적 질문 – '어떻게' 질문**

'어떻게' 질문

첫 번째 유형은 바로 어떻게 질문입니다. 이 질문은 해결 방안을 묻는 것으로, 매우 구체적이면서도 열린 답변의 여지를 남겨두는 중요한 질문입니다. 예를 들어, "나는 A 작품을 더 잘 그리고 싶은데 어떻게 해야 할까?"라는 질문을 던졌을 때, 학생마다 답변이 달라질 수 있습니다. 경은이는 "더 연습하고 선생님께 조언을 구하는 게 좋아."라고 할 수도 있고, 민경이는 "다른 작품을 참고하거나 자료를 찾아보는 것도 도움이 돼."라고 할 수 있습니다. 이렇게 답이 다양하게 나뉘는 것을 보고, 자신에게 가장 적합하다고 생각하는 방법을 선택하면서 사고의 폭이 넓어집니다.

또 하나는 "독재 정권을 무너뜨리고 민주주의를 평화롭게 이끌기 위해서는 어떻게 하면 좋을까?"라는 질문입니다. 이 역시 여러 가지 해석과 해결책이 끝없이 나오며, 학생들은 자신의 가치관과 지식을 바탕으로 다양한 답변을 생성하고 비교할 수 있습니다. 해결 방법에 대한 질문은 학생들이 여러 선택지를 고민하게 하고, 그중에서 자신이 어떤 방법을 선택할지 결정하는 과정을 통해 개념적 이해에 더욱 가까워질 수 있게 합니다.

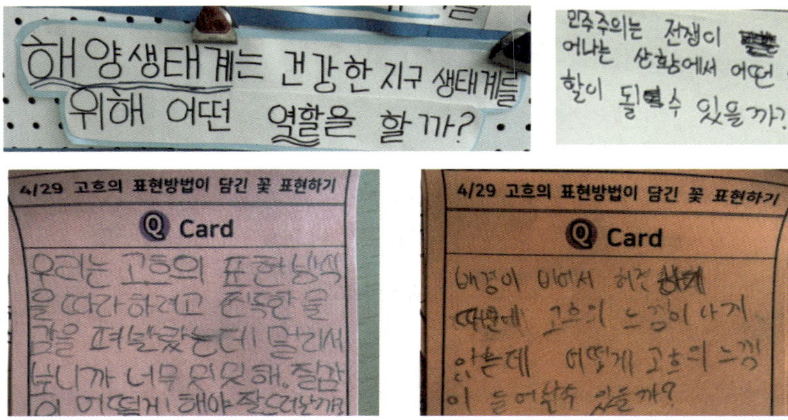

[그림 5-27] '어떻게' 질문의 사례

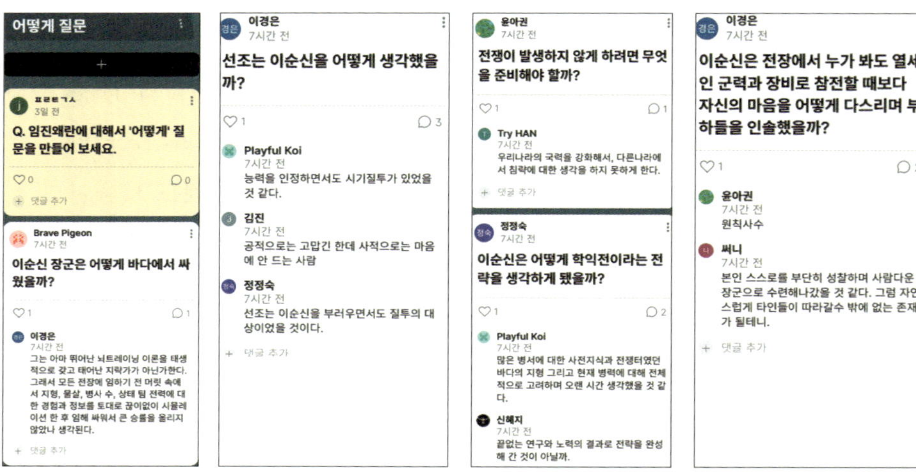

[그림 5-28] '어떻게' 질문 교사 실습

'왜' 질문

두 번째 유형은 '왜' 질문입니다. 텍스트에서 드러난 정보를 바탕으로 이면에 숨겨진 이유나 원인을 추리하게끔 하는 질문이지요.

여기서 중요한 포인트는 바로 '답이 여러 개인 질문'을 만들고, 그것을 통해 학생들이 스스로 맥락과 원인을 파악하며 사고의 폭을 넓히는 과정입니다. '어떻게'라는 해결 방법 질문뿐 아니라, '왜'라는 원인과 맥락을 탐구하는 질문 모두 답이 여러 개인 상황에서 사고력을 키우는 중요한 도구입니다.

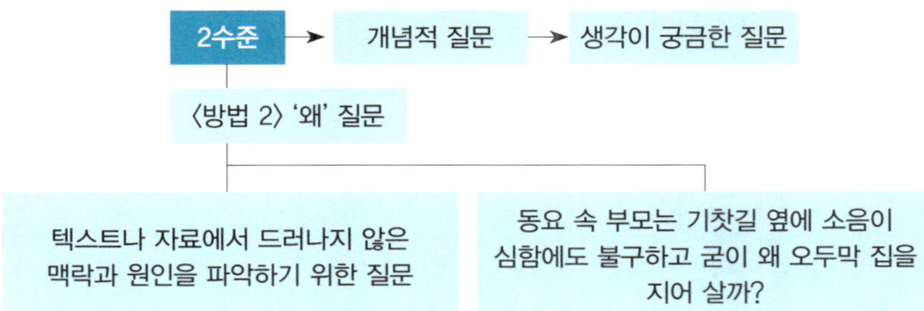

[그림 5-29] 개념적 질문 – '왜' 질문

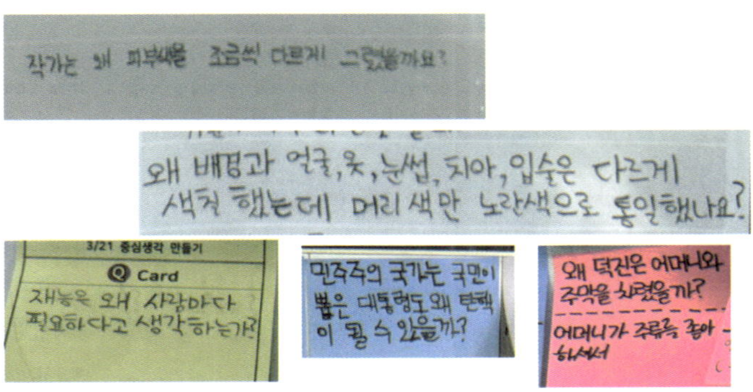

[그림 5-30] '왜' 질문의 사례

예를 들어, '기찻길 옆'이라는 동요를 듣고 나서 "동요 속 부모는 기찻길 옆에 소음이 심함에도 불구하고 굳이 왜 오두막 집을 지어 살까?"라는 질문은, 그 맥락과 배경에 숨겨진 원인을 깊게 고민하게 합니다. 사람들이 쉽게 답하기 어려운 이 질문은, 아이들이 가사 이면의 사연과 작가의 의도를 자연스럽게 추론하는 데 도움을 줍니다.

또, 앤디 워홀의 〈마릴린 먼로〉 작품을 감상하고 만든 "작가가 피부색을 다르게 그린 이유는 무엇일까?"라는 질문도 마찬가지로, 표면을 넘어 숨겨진 의미와 맥락을 찾아가는 사고를 촉진합니다. "왜 같은 대상이 다른 색깔로 그려졌을까?" 또는 "머리 색깔만 통일하고 배경과 다른 부위는 다르게 표현했을까?"와 같이 예술적 의도를 추론하는 질문은 학생들이 작가의 메시지와 작품 속 숨겨진 의미를 탐구하는 연습이 됩니다.

이렇게 '왜' 질문은 복합적 사고와 맥락 이해를 돕고, 학생들이 몰랐던 내용을 재미있게 알아 가며 탐구 분위기를 자연스럽게 형성하는 데 큰 역할을 합니다. 이러한 과정은, 답이 여러 개인 질문을 만들어 내고, 그 질문을 통해 아이들이 사고의 깊이와 넓이를 동시에 키우도록 하는 핵심 방법입니다.

[그림 5-31] '왜' 질문 교사 실습

'왜' 질문을 만들면서, 학생들이 복합적 사고와 개념적 이해를 동시에 키울 수 있도록 연습하는 것이 목표입니다. 먼저, 모네의 작품 〈건초더미 연작〉을 보고 "왜?"라는 질문이 나올 수 있을지 생각해 보는 겁니다. 예를 들면, "모네는 같은 주제를 왜 여러 가지 색감으로 표현했을까?"와 같은 질문들이 가능하겠죠. 이런 질문들은 작품 속 숨겨진 의미와 작가의 의도에 대해 깊이 생각하는 출발점이 됩니다.

개념적 질문 – ABCD 질문

다음은 ABCD 질문 구조입니다. 이것은 개념적 사고를 체계적으로 유도하는 질문 구조로, 중심 아이디어를 명확히 하고 그 근거를 분석하는 데 매우 유용합니다. 구조는 "A가 B 하는 것이 C가 D 하는 것과 어떤 관련이 있을까?"입니다. 예를 들어, 5 · 18 민주화 운동을 탐구하며 "신군부가 계엄령을 선포하는 것은 광주 시민들이 민주화 운동을 일으킨 것과 어떤 관련이 있을까?"와 같이 묻는 거죠.

이 질문은 두 개념이 어떻게 연결되어 있는지, 동사(행위)와 관계(연결성)를 통해 사고를 확장하게 만듭니다. 학생들이 이 질문에 대한 답변을 구하고 그 과정에서 '이 사건이 어떤 의미인지, 어떤 개념이 드러나는지'에 대해 탐구하게 하는 것이죠. 이 구조를 활용하면 중심 아이디어뿐 아니라 그가 갖는 의미와 맥락도 함께 이해하는 개념적 사고가 자연스럽게 자리 잡게 됩니다.

그러니 질문을 만들 때, 이 ABCD 구조를 기억하고 적용해 보세요. 그러면 단순한 답이 아닌, 사건과 개념이 연결되는 깊이 있는 이해를 자연스럽게 이끌어 낼 수 있습니다.

2수준 → 개념적 질문 → 생각이 궁금한 질문

〈방법 3〉 ABCD 질문

두 개념 사이의 관계를 파악하기 위한 질문
=개념적 이해를 직접적으로 묻는 질문
(일반화: 개념과 개념 사이의 관계/패턴을 찾는 과정)

개념 1	+	동사(개념적 렌즈)		+	개념 2
A가 B 하는 것		관련	기능		C가 D 하는 것
A의 B		연결	결과		C의 D
⋮		영향	원인		⋮
		발전	변화		
		책임	⋮		

↓

다양한 발명품의 개발은 예술의 형태에 어떤 변화를 초래했을까?

2수준 → 개념적 질문 → 생각이 궁금한 질문

〈방법 3〉 ABCD 질문(개념화 질문)

개념 1	+	동사(개념적 렌즈)		+	개념 2
A가 B 하는 것		관련	기능		C가 D 하는 것
A의 B		연결	결과		C의 D
⋮		영향	원인		⋮
		발전	변화		
		책임	⋮		

↓

사람들이 게임에 중독되는 것은 개인의 교육 수준과
어떤 관련이 있을까?

[그림 5-32] **ABCD 질문의 구성 방법**

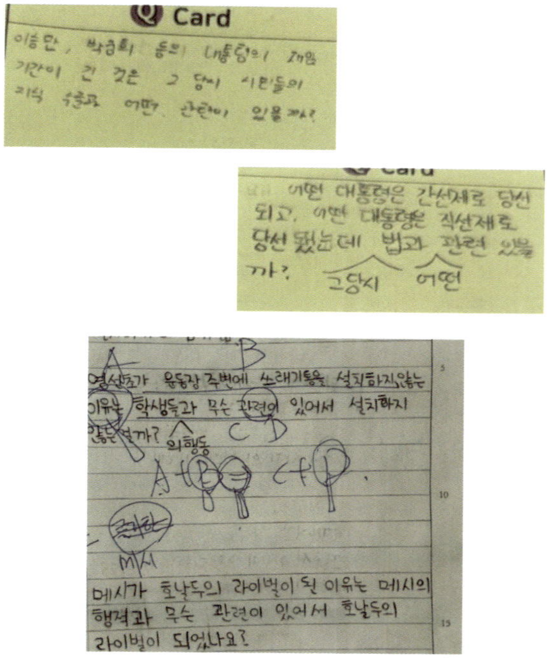

[그림 5-33] ABCD 질문의 사례

'A가 B 하는 것은 C와 어떤 관련이 있을까?'라는 구조는 바로 질문과 답변의 연결성을 통해 사건, 현상, 개념 사이의 상관관계를 탐구하는 매우 강력한 도구입니다. 이 구조를 활용하면 학생들은 자연스럽게 '왜 그런 일이 일어났는지' '이것이 어떤 의미를 갖는지'에 대한 생각으로 사고의 폭을 넓힐 수 있습니다.

예를 들어, "기술이 발전하면서 미술 작품의 표현 방식에 어떤 변화가 있었을까?"라는 질문은, '기술 발전'이라는 입력(A개념)과 '작품의 표현 방식 변화'라는 출력(B개념)을 연결하는 사고를 유도합니다. 이처럼 두 요소가 어떻게 연결되어 있는지 '관계'를 찾아내는 과정이 개념적 이해의 핵심입니다.

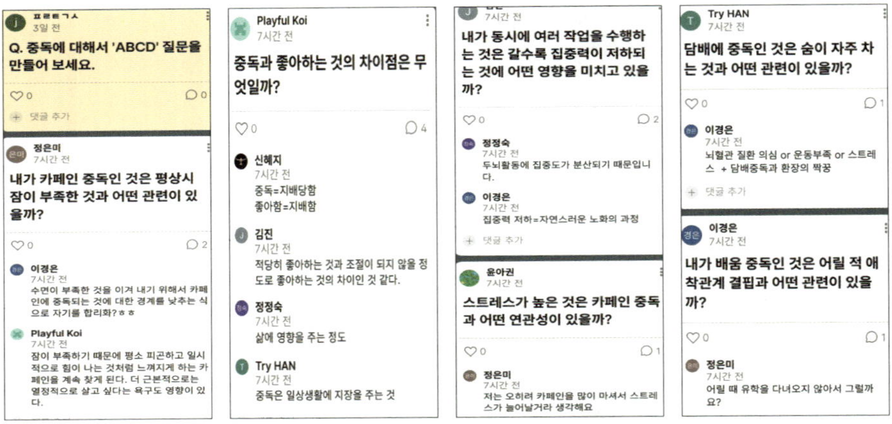

[그림 5-34] ABCD 질문 교사 실습

또 다른 예로, "대통령의 재임 기간은 당시 시민들의 지식 수준과 어떤 관련이 있을까?"라는 질문은 대통령의 지지율과 당시 시민의 지식 수준 정도 간의 상관관계를 탐구하는 질문입니다. "만약 시민들이 무조건적으로 대통령을 지지했다면, 시민들의 교육 수준과 어떤 관련이 있을까?"라고 후속 연결 질문을 덧붙이면, 원인과 결과 그리고 다양한 변수 간의 관계를 생각하게 됩니다.

이런 질문을 만들 때 중요한 것은, 기존에 알고 있거나 궁금한 것들을 관계를 통해 확장하는 연습입니다. 이 구조를 활용해 여러 가지 문제를 만들어 보는 것, 그리고 그 답을 스스로 찾는 노력을 통해, 학생들은 자연스럽게 개념적 사고력과 연결력을 키우게 될 것입니다.

개념적 질문 – 개념적 렌즈 질문

다음으로, 개념적 렌즈를 활용하여 질문을 만들 수 있습니다. 개념 렌즈는 학생들이 사고의 방향을 명확히 하고, 탐구의 범위와 초점을 설정하는 중요한 도구입니다. 특히 교과별로 핵심 개념을 구체화하는 데

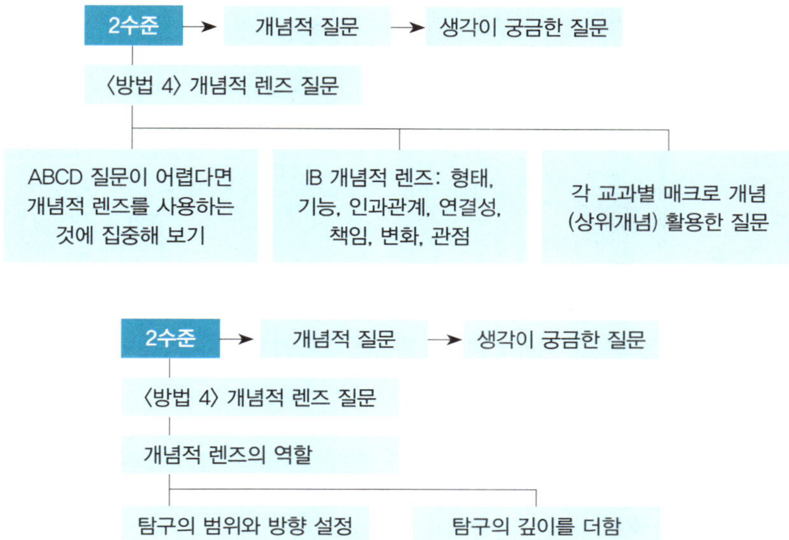

[그림 5-35] **개념적 렌즈**

도 매우 유용하며, 이를 활용하면 질문의 깊이와 의미를 더욱 풍부하게 만들 수 있습니다.

먼저, IB에서 사용하는 7가지 개념적 렌즈를 아이들에게 소개하는 것부터 시작하는데요. 이 렌즈들이 무엇인지, 어떻게 활용하는지에 대해 구체적으로 설명하는 수업을 진행하였습니다. 먼저 아이들이 개념적 렌즈에 대해 배우기 전 자신이 현재 이해하는 바를 떠올리면서, '내가 아는 대로 적기' 활동을 통해 자신이 알고 있는 개념과 사고의 폭을 확인하였습니다.

이 단계에서 중요한 것은, 아이들이 개념적 렌즈의 역할과 의미에 대해 자연스럽게 이해하는 것입니다. 아이들에게 "7가지 개념적 렌즈 각각의 의미는 무엇일까?"라고 묻고, 보지 않고 자신의 언어로 떠올리게 하는 것은 새로운 것을 배우기 전 자신의 현재 이해 정도를 파악하게 하기 위함입니다.

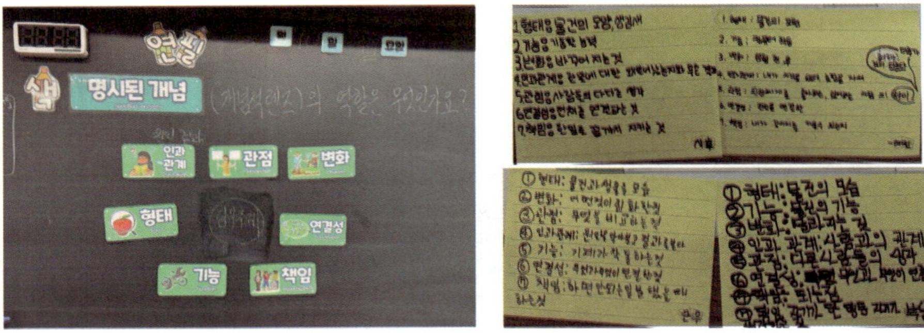

[그림 5-36] 개념적 렌즈의 용어에 대한 사전지식 떠올리기

구조	결과	견해	진화
의견	활용	관계	의무
모양	원칙	원인	결정
이유	구성	해석	역할
발전	작동	상호작용	변형
도덕	사용	관련성	외형
연관성	영향	입장	성장

이것은 어떤 특징을 가지고 있을까?	과거와 비교했을 때 어떤 점이 달라졌을까?
여러 관점을 고려하는 것이 중요한 이유는 무엇일까?	어떤 방식으로 작동하는 걸까?
무엇이 이러한 변화를 일으켰을까?	이것들이 서로 관련이 없다면 어떻게 될까?
이것은 다른 것과 어떤 관련이 있을까?	이것은 어떻게 생겼을까?
이것은 어떤 역할을 할까?	우리가 져야할 책임은 무엇일까?
이 현상은 왜 일어난 걸까?	이 현상은 앞으로 어떤 결과를 만들까?
만약 아무도 책임지지 않는다면 어떤 일이 벌어질까?	이 관계가 사회에 어떤 의미를 가질 수 있을까?
이 기능은 다른 곳에 어떻게 활용할 수 있을까?	다른 사람들은 이 상황을 어떻게 생각할까?
겉모습이 달라지면 어떤 일이 생길까?	더 나은 세상을 위해 어떤 결정을 해야 할까?
비슷한 상황에서 다른 변화가 일어난 사례는 없을까?	어떤 이유 때문에 이런 결과가 나타났을까?
입장에 따라 생각이 달라질 수도 있을까?	

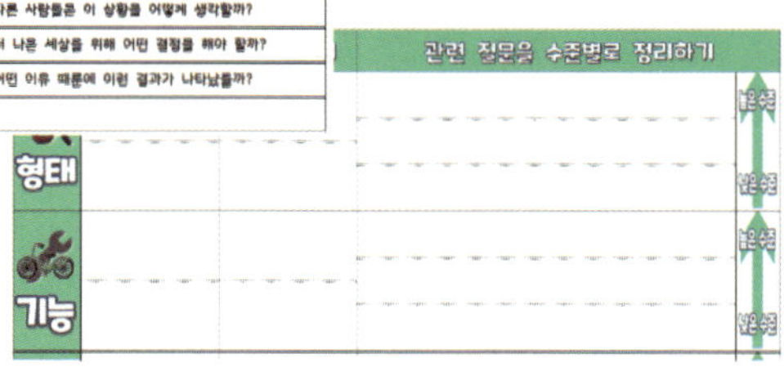

[그림 5-37] 같은 뜻의 단어 분류하기 · 관련 질문 분류하기 활동지

다음으로, 같은 뜻의 단어 분류하기 활동을 통해 각 개념적 렌즈의 의미를 더 풍부하게 확장하고, 여러 표현을 비교 · 연결하는 연습을 합니다. 이는 사고의 유연성 확보와 깊이 있는 질문 생성에 도움을 줍니다. 이 활동은 배움이 느린 학생들도 적극 참여하며 하나의 개념을 다양한 단어로 표현할 수 있다는 것과 적극적으로 의견을 제시하는 것에 큰 의미가 있습니다. 결국, 이러한 연습과 활동들이 개념을 명확히 하고, 탐구 방향을 잡으며, 질문의 깊이와 폭을 넓혀 주는 밑거름이 되리라는 확신을 가지고, 꾸준히 실천하는 것이 중요합니다.

질문 목록도 준비합니다. 7가지 렌즈에 해당하는 질문을 오징어 다리처럼 잘라 놓고 관련 질문을 렌즈 옆에 붙여 보라고 합니다. 하나의 렌즈당 질문 세 가지를 붙일 수 있는데, 저는 여기서 한 단계 더 나아가 수준별로 분류하여 붙여 보라고 합니다.

이 활동은 학생들이 질문의 난이도와 수준을 자연스럽게 인식하고, 그 차이와 깊이 있는 사고의 관계를 이해하게 하는 매우 중요한 연습입니다. 먼저, 7가지 렌즈에 해당하는 질문들을 오징어 사진처럼 잘라서 각 렌즈 옆에 관련 질문 세 개를 붙여 보도록 지도합니다. 이때 하나의 렌즈마다 난이도에 따라 다양한 수준의 질문을 붙이게 하는데, 스스로 수준을 파악하고 분류하는 경험을 쌓도록 하는 것이 핵심입니다.

여기서 중요한 점은, '답이 단답형인 질문은 난도가 낮을 가능성이 있다.'라는 힌트를 주고, 아이들이 '짧은 질문'과 '긴 질문' '이유나 설명이 포함된 질문' '개념과 원리를 묻는 질문' 등을 스스로 구분하게 하는 것입니다. 아이들은 대부분 자연스럽게 표면적인 질문을 낮은 수준으로, 깊은 사고를 요구하는 질문을 높은 수준으로 인식하며 분류합니다.

그러나 이 활동의 목적은 정답 맞추기가 아니라, 질문의 수준과 복잡성에 차이가 있다는 것을 인식하는 것입니다. 따라서 "이번에 틀린 답도 괜

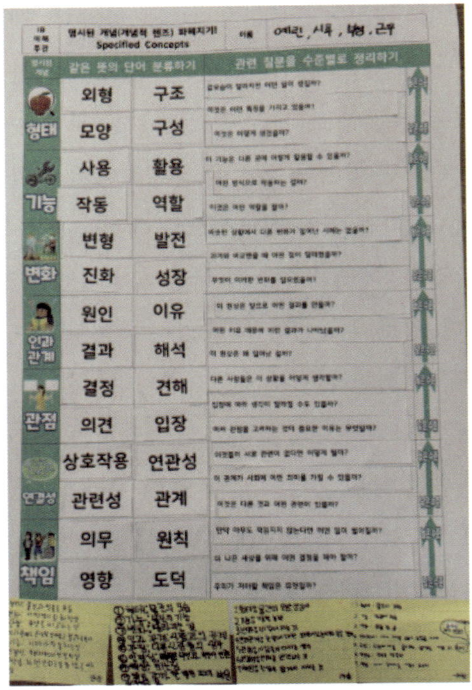

[그림 5-38] **개념적 렌즈를 이해하는 활동 결과물**

잖아. 중요한 것은 질문에도 수준이 있다는 것을 이해하는 거야."라고 당부해 주세요. 아이들은 서로 대화하며 오징어 다리(질문)를 서로 분류하고 붙이면서, 자연스럽게 수준별 사고의 차이를 체감하게 됩니다.

이 과정을 통해, 학생들은 단순한 사실 질문과 개념적, 논쟁적 질문 사이의 차이를 이해하고, 앞으로의 질문 만들기와 사고 확장에 자신감을 갖게 될 것입니다. 이는 학생들이 질문을 통해 사고를 체계화하고, 깊이 있게 탐구하는 능력을 키우는 중요한 첫걸음입니다.

그러면 [그림 5-38]과 같이 정리됩니다. 이렇게 정리된 내용을 바탕으로 학생들과 함께 탐구 활동을 시작하면 정말 효과적입니다. 먼저, "왜 개념적 렌즈를 쓸까?"라는 질문을 통해 학생들이 렌즈의 필요성과 역할을 이해하게 하고, 그 후에 특정 주제로 한 탐구를 진행할 때도 단계별 접근을 하도록 지도하는 것이죠.

예를 들어, '손흥민'이라는 주제를 탐구한다고 했을 때, 그냥 "자세히 탐구해 봐."라고 한다면 너무 크고 막연할 수 있으니, '기능 렌즈' '인과관계 렌즈' '책임 렌즈'처럼 여러 개의 탐구 렌즈를 제시하는 방식이 탁월합니다. 그럼 학생들은 '이 렌즈들이 내가 탐구하는 방향을 잡아 주는 도구'임을 자연스럽게 깨닫게 되죠. 손흥민 선수가 골을 잘 넣는 기능은 어떤 방식으로 발휘하는지, 득점력이 높은 이유(인과관계)는 무엇인지, 책임은 어떤 마음가짐을 의미하는지 구체적으로 방향을 설정한 질문들은 답을 찾는 데 도움을 주며, 탐구의 범위와 깊이도 적절히 조절됩니다.

이 과정을 통해, 학생들은 탐구의 깊이와 방향성을 스스로 찾는 힘이 길러집니다. 또한 교사도 사전에 평가 기준을 함께 제시함으로써, '어떤

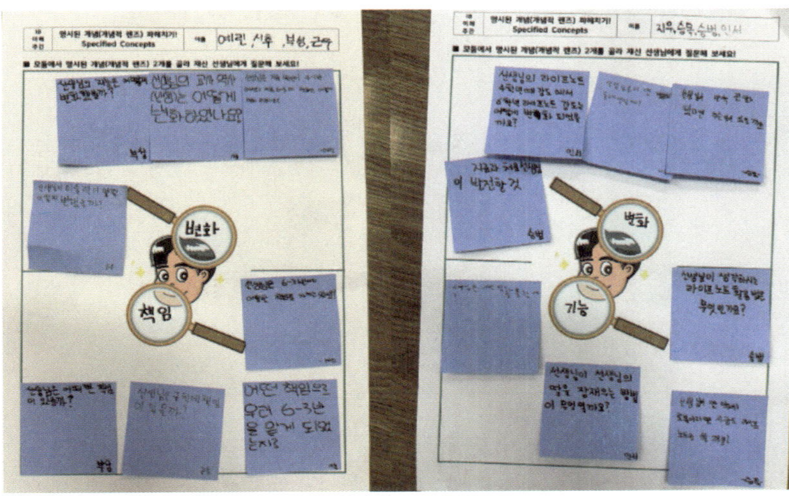

[그림 5-39] 개념적 렌즈를 활용하여 담임선생님에게 질문하기

답변이 더 깊고 적절한지' 판단할 수 있는 기준을 마련하게 되어, 학생과 교사 모두 명확한 탐구와 평가의 기준을 갖게 됩니다. 개념적 렌즈를 활용한 질문은 탐구의 폭, 깊이, 방향을 설정하는 정말 효과적인 지도 전략입니다!

논쟁적 질문 – '만약' 질문

3단계 수준의 논쟁적 질문은 학생들이 서로 다른 관점과 가정을 통해 사고의 폭을 넓히고, 문제의 본질에 깊이 다가가도록 돕는 매우 중요한 질문 유형입니다. 만약 상황 질문은 상황이나 인물의 성격, 선택에 대한 가정을 통해, 현실에서는 경험하지 못하는 다양한 시나리오를 상상하게 만들어 사고력과 공감 능력을 키우는 역할을 합니다.

예를 들어, "만약 신데렐라가 성격이 바뀐다면 어떻게 달라졌을까?"라는 질문은, '성격 변화'라는 내부적 요소가 이야기 진행에 어떤 변화

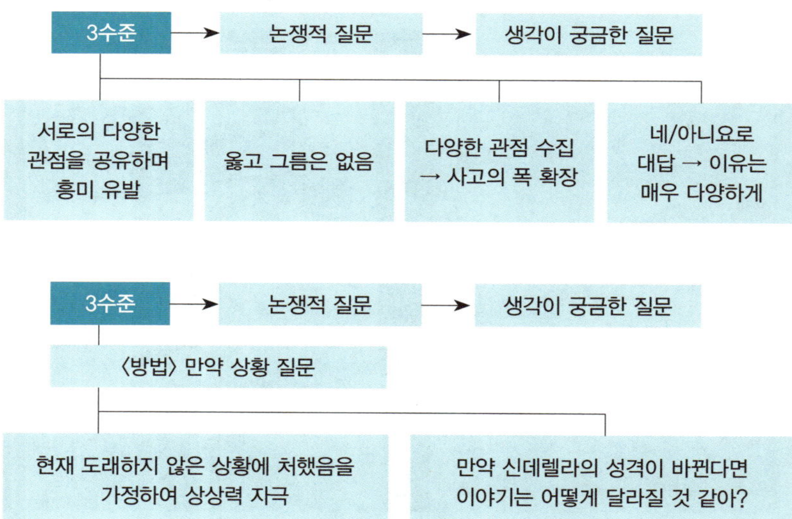

[그림 5-40] 만약 상황 질문

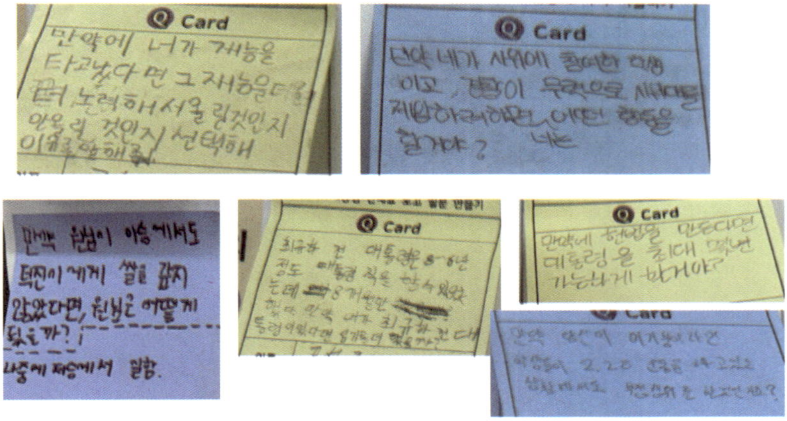

[그림 5-41] **'만약' 질문 사례**

를 가져오는지 탐구하게 하며, 실제 자신이 처한 상황이 아니더라도 사고의 제한을 뛰어넘게 만듭니다. 또 "네가 만약 1960년대 시민이라면 4 · 19 혁명에 참여했을까?"라는 인물 중심의 질문은, 나와 다른 시대 · 환경의 인물의 선택과 책임을 생각하게 하고, 그 과정에서 내 판단의 기준과 사회적 책임감을 이해하는 데 도움이 됩니다.

또는 만약 인물 질문이 있습니다. 이는 특정 인물이 되었음을 가정하여 어떤 선택과 판단을 할지 결정해 보게 하는 질문입니다. 예를 들어, "네가 만약 1960년대 시민이라면 4 · 19 혁명에 참여했을 것 같니?"와 같이 질문하는 것입니다. 공개 수업 때 이 질문을 아이들이 저에게 던졌는데, 저는 "못 했을 것 같다."라고 답했습니다. "못 했을 것 같다."라는 답에 아이들이 "왜 그렇냐?"고 묻자, "내 가족이 있고, 목숨을 걸어야 하는 상황이라면 쉽지 않을 것 같다."라고 답했습니다. 이처럼, 이유를 묻고 깊이 사고하는 과정은 학생들이 현실과 가상, 개인과 사회의 가치 사이의 균형과 차이를 배울 수 있게 하고, 무엇이 옳고 그른지 넘어 왜 그런 선택이 나오는지의 사고를 확장시킵니다.

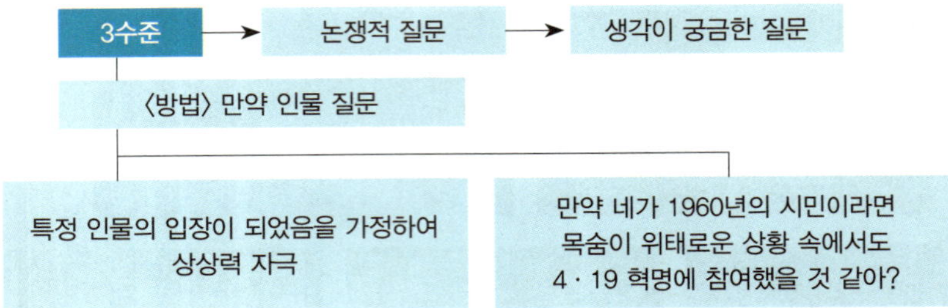

[그림 5-42] **만약 인물 질문**

이 활동은 앞으로도 학생들이 다양한 관점에서 사고하면서, 내가 나아가야 할 방향을 찾고, 어떻게 살아야 하는지에 대한 깊은 성찰을 키워 주는 데 매우 효과적입니다.

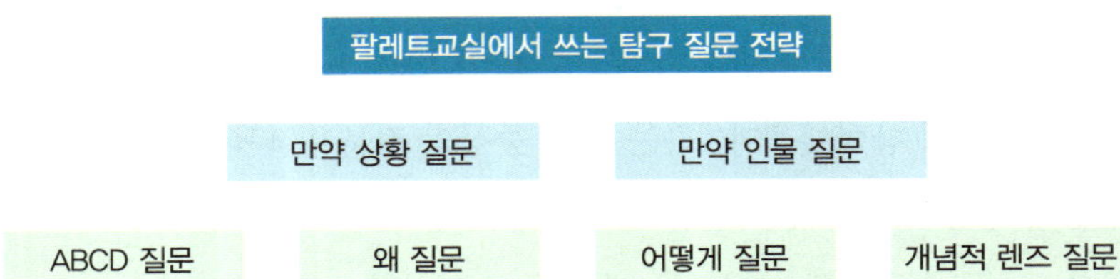

[그림 5-43] **팔레트교실에서 쓰는 탐구 질문 전략**

이렇게 만약 질문을 활용하면, 학생들은 자신의 사고 범위를 크게 확대하고, 다양한 관점에서 자기 주도적 사고를 자연스럽게 익힐 수 있습니다. 예를 들어, “만약 네가 재능을 타고났다면 더 노력해서 키울 거야, 아니면 그대로 멈출 거야?”라는 질문은 재능과 노력의 관계, 성장과 정체의 가능성에 대해 깊이 고민하게 만듭니다. 이러한 질문은 단순한 답변을 넘어서, ‘내가 어떤 태도로 살아갈지’에 대한 자기 성찰까지 연결됩니다.

또 다른 예로, “최규하 전 대통령은 임기가 8개월밖에 안 됐는데, 만약 네가 대통령이라면 임기를 연장했을까?”라는 질문은, 역사적 인물의 선택과 책임, 그리고 그 당시의 상황에 깊이 들어가서 '내가 그 자리였다면 어떻게 했을까?'라는 사고를 유도합니다. 학생들은 이러한 사고 과정을 통해 자신이 처한 상황과 비교하며, '어떤 가치관과 태도를 가져야 하는지'에 대해 자연스럽게 생각하게 되죠.

이처럼 만약 질문은 학생들이 서로 다른 사고의 폭과 깊이를 경험하면서, 자신의 가치관을 정립하고 불확실한 상황에서도 다양한 관점에서 사고하도록 도움을 주며, 이는 폭넓은 사고력과 판단력을 키우는 중요한 방법입니다.

1. 탐구 방향 설정
 –만다라트 차트
 –3-2-1 브릿지

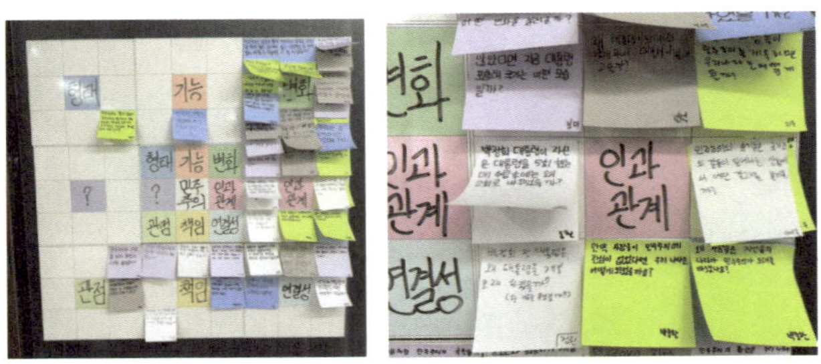

[그림 5-44] 팔레트교실 질문 사용 예시 1–만다라트 차트

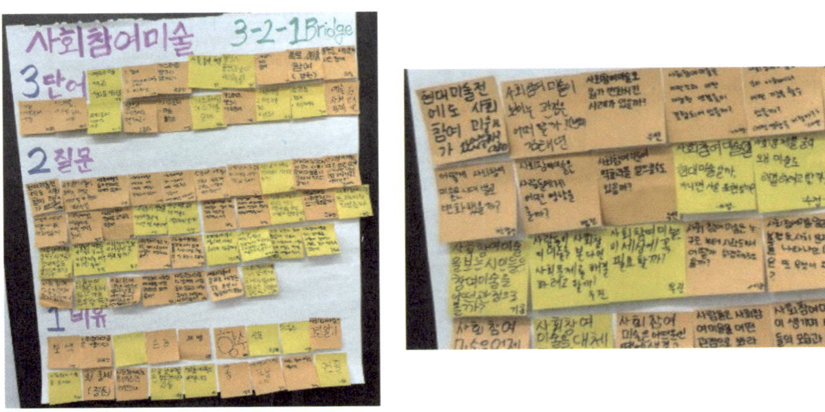

[그림 5-45] 팔레트교실 질문 사용 예시 1–3-2-1 브릿지

2. 개념적 이해를 얻기 위한 탐구 질문 세우기

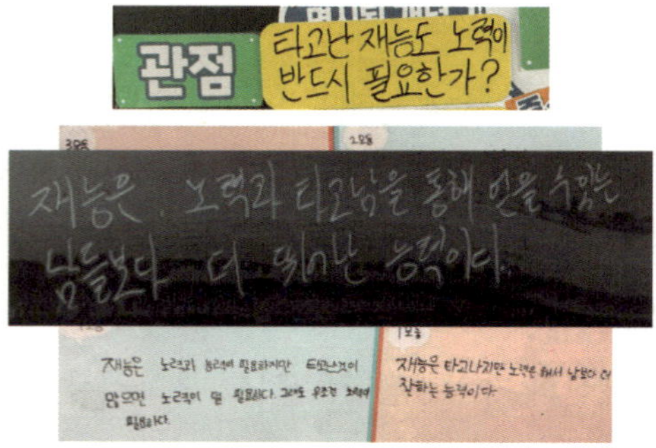

[그림 5-46] **팔레트교실 질문 사용 예시 2-개념적 렌즈로 탐구 질문 만들기**

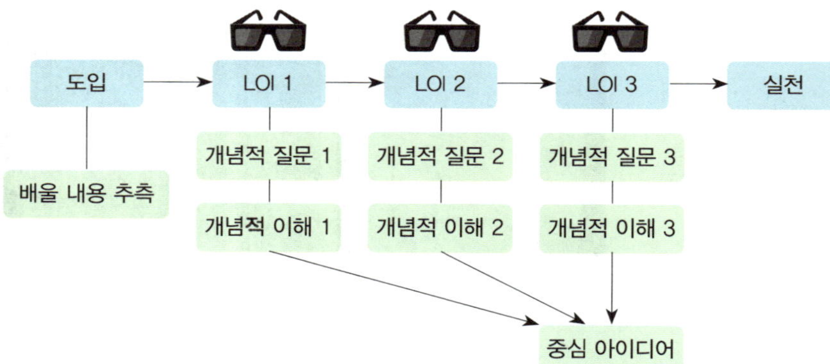

[그림 5-47] **개념적 렌즈로 탐구 단원 구상하기**

3. 개념적 이해 구성
- 다양한 관점을 수집하여 생각의 폭 넓히기

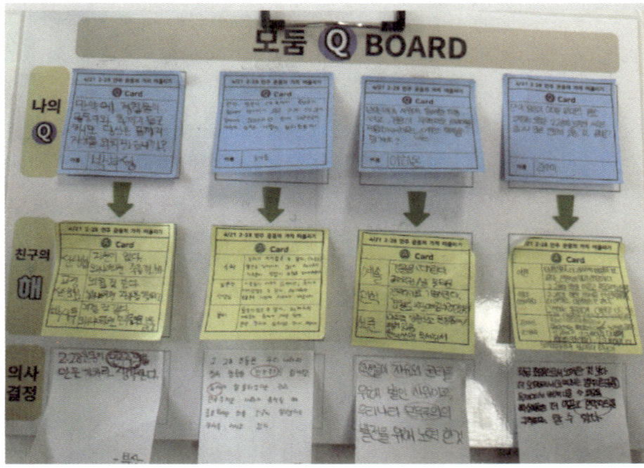

[그림 5-48] 팔레트교실 질문 사용 예시 3

4. 미술 작품 피드백
- 친구들의 생각을 수집하여 의사결정 과정을 통해 반영 여부 결정하기

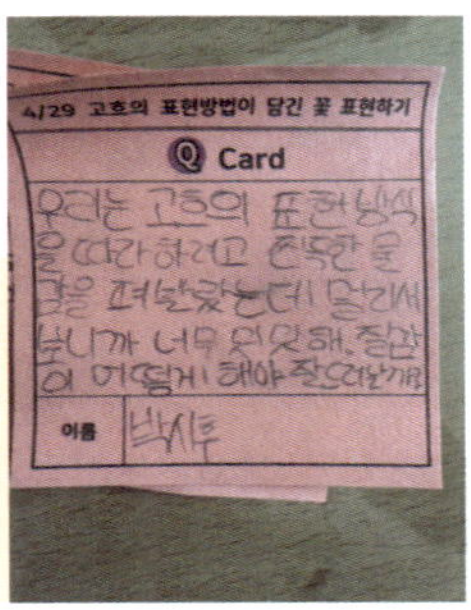

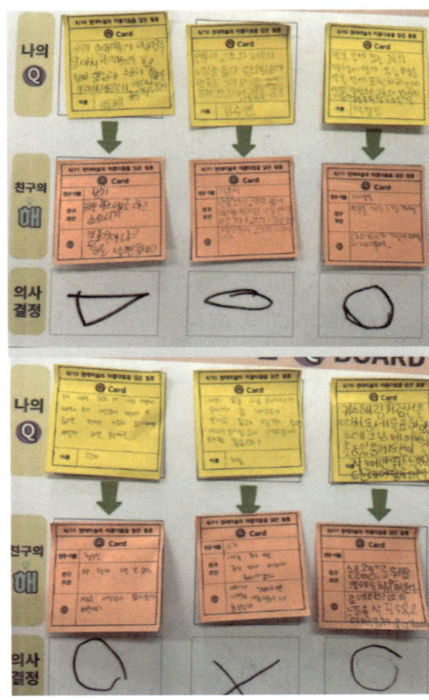

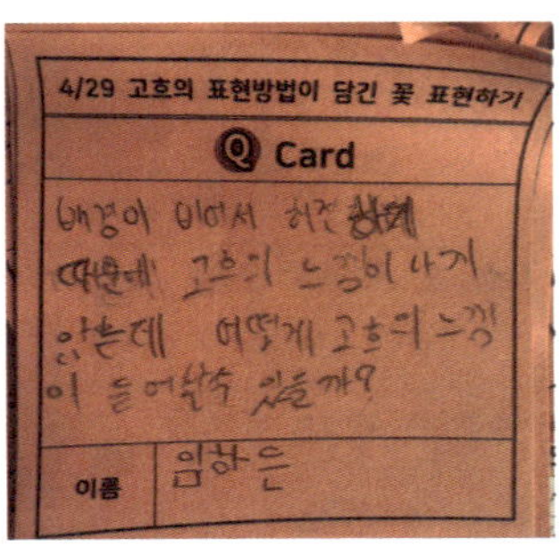

[그림 5-49] 팔레트교실 질문 사용 예시 4-작품 피드백과 조언

5. 미술 작품 감상
- 작품의 폭 넓은 이해를 위해 질문을 생성하여 친구들의 생각을 수집

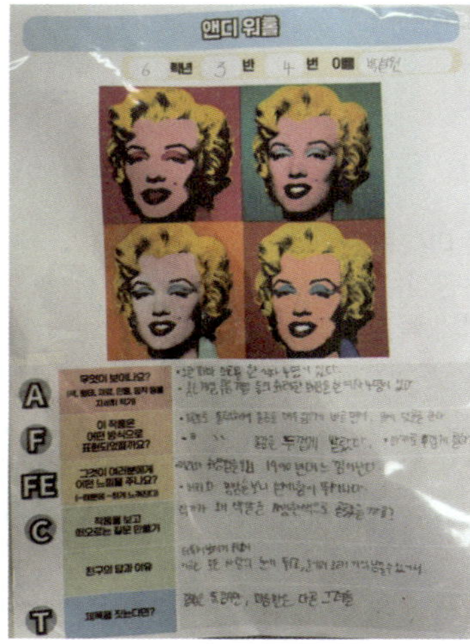

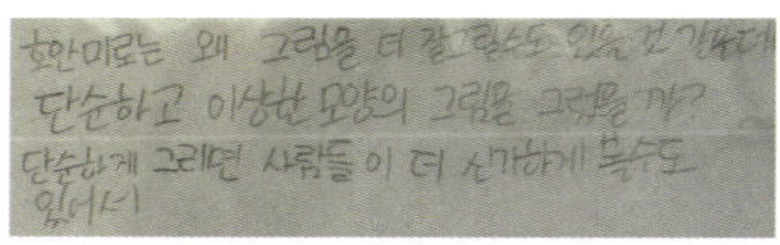

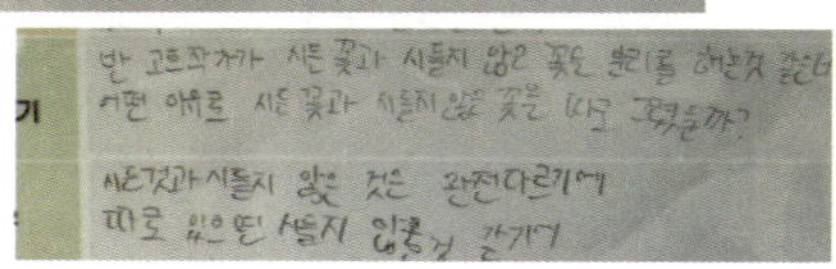

[그림 5-50] 팔레트교실 질문 사용 예시 5-미술 작품 감상

6. AI 챗봇 인터뷰
- 구체적인 질문을 생성하여 챗봇 인터뷰하기

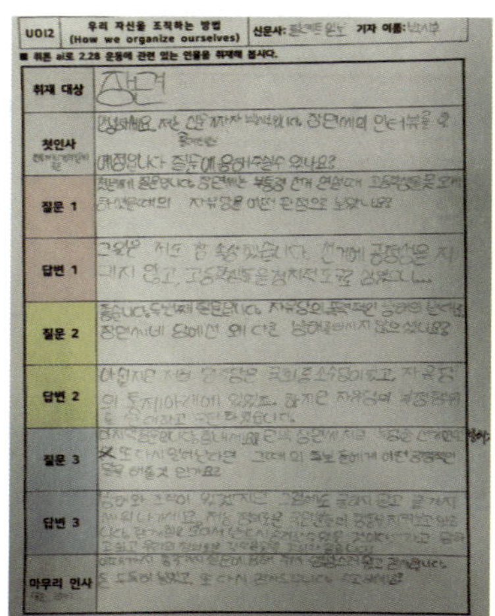

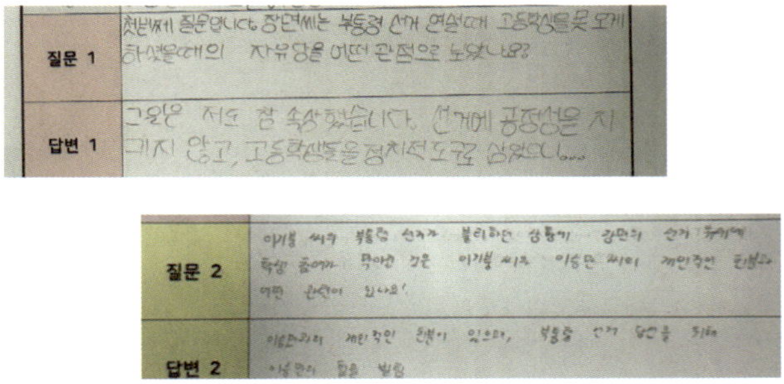

[그림 5-51] 팔레트교실 질문 사용 예시 6-AI 챗봇 인터뷰

7. 탐구의 범위와 깊이 설정
- Think-Puzzle-Explore 또는 See-Think-Wonder

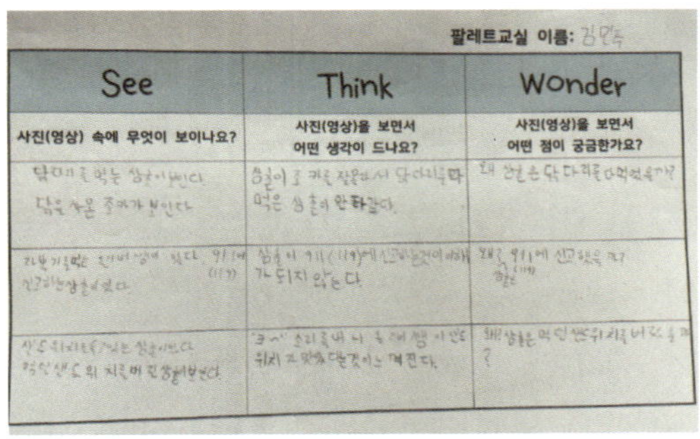

[그림 5-52] 팔레트교실 질문 사용 예시 7-탐구 계획 작성

8. 배움노트 정리
- 학습문제 → 지식/이해의 정리

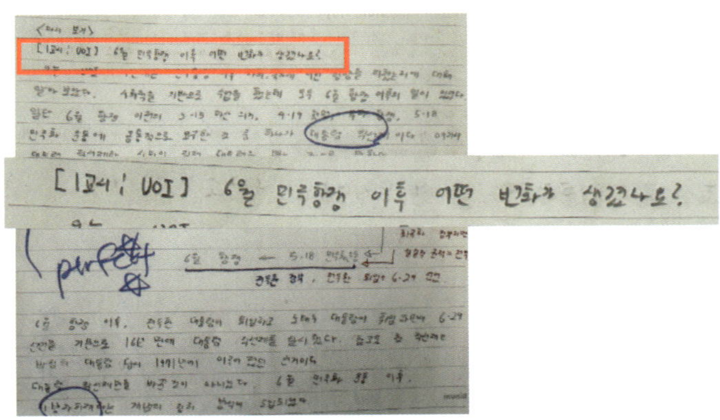

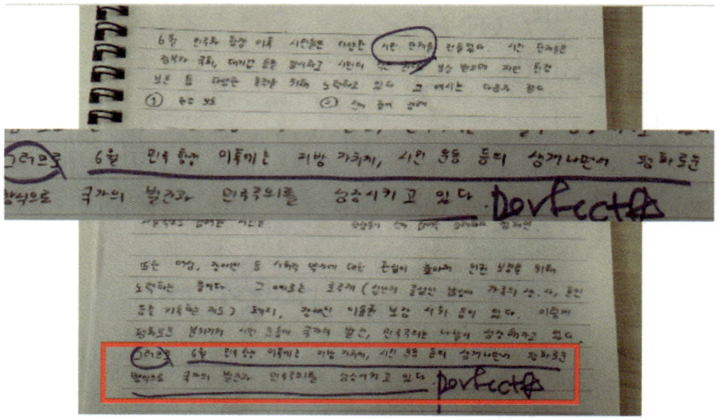

[그림 5-53] 팔레트교실 질문 사용 예시 8-배움노트 정리

5. 안내가 명확한 학습지의 사용

저희 반 미술 감상지는 촘촘하게 구성되어 있습니다. 모네의 〈루앙 대성당〉 연작은 빛 UOI를 도입하며 감상했던 작품인데, 모네가 서로 다른 날과 시간에 관찰한 루앙 대성당을 그린 것으로, 서로 다른 색깔의 빛이 비치니 성당이 다르게 보이는 것이 특징입니다.

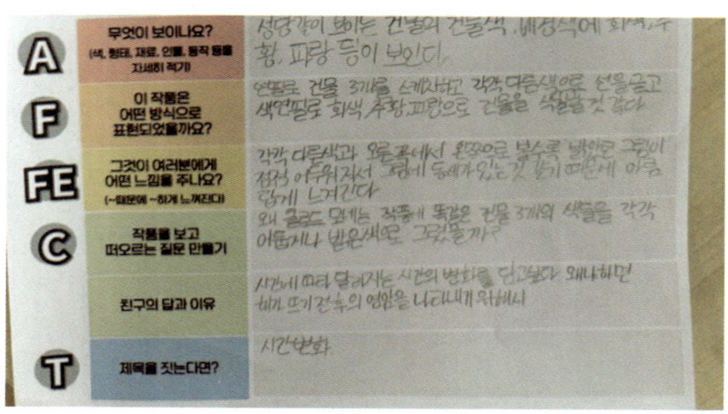

[그림 5-54] 감상 학습지의 예

[그림 5-54]는 제가 만든 감상 학습지입니다. 단순히 "무엇이 보이나요?" "어떻게 표현되었을까요?" "어떤 느낌이 드나요?"라는 질문만 던져도 학생들은 답을 잘합니다. 하지만 관찰이 넓어지는 만큼 막연한 추상어가 나오기 쉽습니다. 예를 들어, "무엇이 보이나요?"에 "성당이 보인다."처럼 추상적으로 적는 경우가 많은데, 이는 구체적 관찰을 안내하는 기준이 없었기 때문입니다.

그래서 감상 학습지에는 반드시 '색, 형태, 재료, 인물, 동작' 등 구체적으로 관찰해야 할 항목을 명시해 둡니다. 교사가 요구 항목을 분명히 제시하면 학생들은 더 세밀하게 보고, 더 정확하게 표현할 수 있습니다. 마찬가지로 "어떤 느낌이 드나요?"라는 질문에도 끝까지 "무엇 때문에 그런 느낌이 드나요?"를 묻고, 원인과 요소를 연결해 쓰도록 지도합니다. 단순한 감정 표출이 아니라 그 감정이 발생한 근거를 말하게 하는 훈련입니다.

이러한 명시적 교육은 반복될수록 학생들의 사고를 구체화하고 근거 중심의 표현력을 길러 줍니다. 교사는 질문을 던진 뒤 루브릭 항목을 하

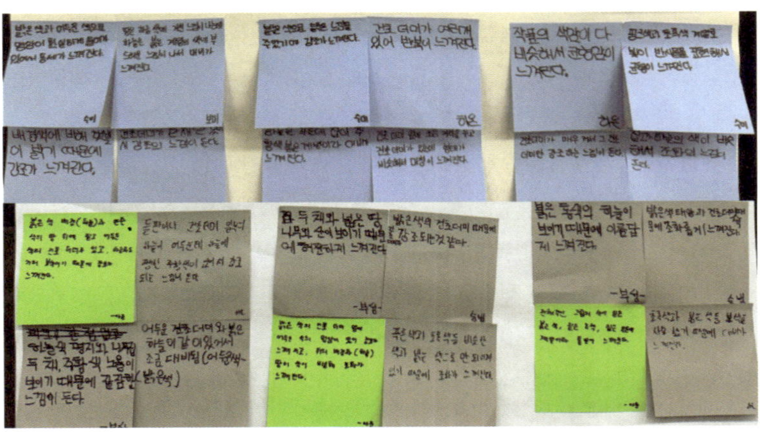

[그림 5-55] 학생들이 작품을 감상한 내용

나씩 짚어 주고, 모델 답안을 보여 주며 점진적으로 자율성을 높여 가면 됩니다. 결과적으로 학생들은 작품을 더 넓고 깊게 읽어 내고, 자신의 느낌을 근거와 함께 설득력 있게 서술하는 능력을 갖추게 됩니다.

아이들이 포스트잇에 촘촘하고 구체적인 감상평을 남길 수 있었던 핵심은 제가 수업에서 의도적으로 제시한 모델 덕분입니다. 단순히 "잘 했네." "예쁘다." 같은 일반적인 반응을 제한하는 것만으로는 부족합니다. 학생들이 근거 기반으로 말하게 하려면, 교사가 먼저 관찰 항목과 서술 양식을 보여 주고, 구체적 표현의 예시를 반복적으로 제시해야 합니다. 그런 모델링과 스캐폴딩이 있었기 때문에 학생들은 무엇을 보고 어떤 근거로 말해야 하는지 알 수 있었습니다.

멘티들의 성찰 탐구의 곡선을 함께 그려 나가는 여정

탐구라는 것이 단순히 창의적이고 자유로운 활동이라는 인식에만 머물러서는 안 된다는 것을 깨달았습니다. 탐구의 이면에 숨겨진 성공적인 탐구를 위한 필수적인 요소, 즉 탐구 소양의 중요성을 간과해서는 안 된다는 것을 알게 되었습니다.

김재신 선생님이 말씀하신 탐구 소양은 문제를 인식하고 발견하는 능력, 문제를 조직적으로 분석하고 날카롭게 만드는 능력, 논리적으로 문제를 해결하는 능력 등 탐구를 수행하기 위한 기본적인 역량들을 의미합니다.

김재신 선생님은 발문을 통해 학생들이 문제에 대한 다양한 관점을 탐색하고 숨겨진 전제를 발견하며 논리적인 오류를 식별하도록 돕고 있습니다. 발문은 단순히 질문을 던지는 행위를 넘어 학생들의 사고를 자극하고 탐구 능력을 향상시키며 자기 주도적인 학습을 이끌어 내는 강력한 도구입니다.

탐구 훈련의 중요성은 아무리 강조해도 지나치지 않습니다. 탐구 훈련을 통해 함양된 역량들은 학문적인 성취뿐만 아니라 실생활에서의 문제 해결 능력 의사 결정 능력 자기 개발 능력 등 다양한 영역에서 긍정적인 영향을 미칩니다.

제6장

함께 배우고 성장하는 우리

1. 성장의 기록, 수업 발문 노트

멘티의 질문

Q 시간을 효율적으로 활용하면서도 수업 발문 노트를 효과적으로 작성할 수 있는 비법이 있을까요?

교사는 끊임없이 자신의 수업을 성찰하고 개선해야 합니다. 저는 수업 발문 노트를 통해 수업에서 사용한 질문, 아이들의 반응 그리고 개선점을 기록하고 분석하며 다음 수업에 반영합니다. 이것이 저만의 수업 비법이라고 할 수 있습니다.

수업 발문 노트

제 수업의 비밀은 바로 이 수업 발문 노트에 담겨 있습니다. 이 노트는 제가 매일 아이들과 함께 만들어 가는 소중한 성장 기록이자 더 나은 수업을 향한 끊임없는 노력의 결정체입니다. 마치 항해 일지처럼 매일 수업에서 사용한 발문, 아이들의 반응, 발견된 개선점을 꼼꼼하게 기록하

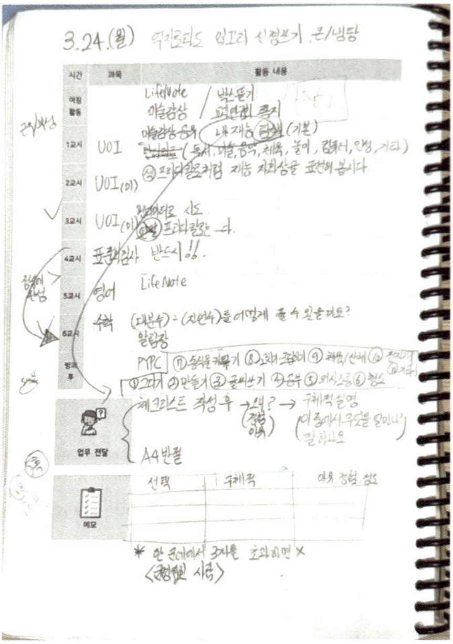

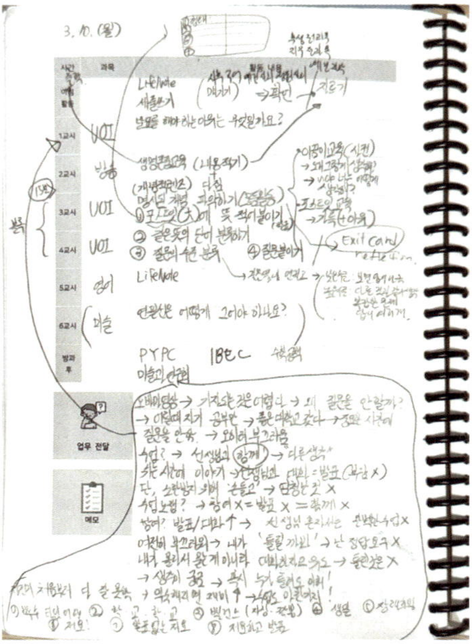

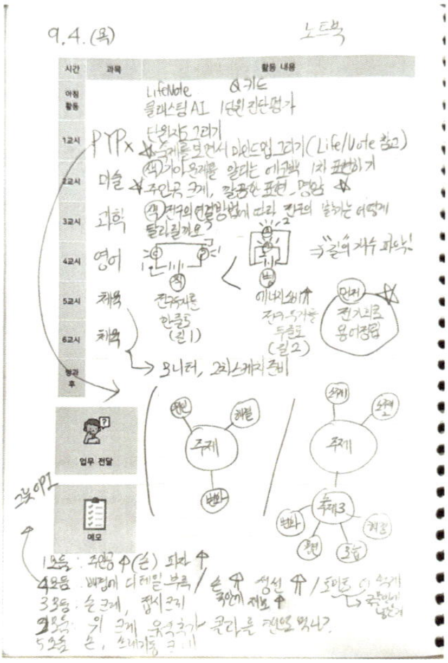

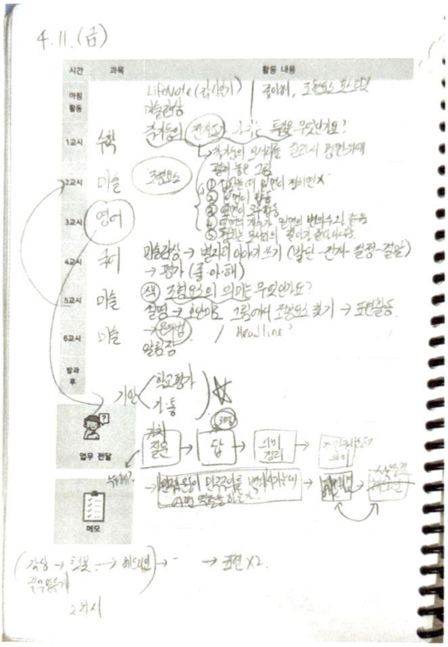

[그림 6-1] 실제로 작성한 수업 발문 노트

고 분석하며 다음 수업에 반영하는 것이죠.

일단 기본적으로 내일 진행할 교과명과 각 교시마다 이뤄질 배움 문제를 씁니다. 저는 학습 목표를 질문의 형식으로 기록합니다. 아이들에게도 보통 배움 문제를 제시할 때 질문의 형식으로 제시하기 때문입니다. 저의 수업은 항상 질문에서 출발합니다. 40분의 수업 시간은 그 질문에 대한 답을 찾아가는 '과정'이고, 학생들은 40분 뒤 수업을 마무리할 때 처음 확인한 배움 질문에 대해 답을 하면서 수업을 마무리하게 되지요. 긴 호흡의 탐구도 마찬가지입니다. 질문에서 시작하여, 질문에 대한 답으로 마무리됩니다.

저는 가장 똑똑한 교사가 아니라 가장 근면 성실한 교사가 되기 위해 노력합니다. 화려한 수업 기술이나 번뜩이는 아이디어보다 아이들의 성장을 위한 끊임없는 노력과 진심 어린 마음이 더욱 중요하다고 믿기 때문입니다. '수업 발문 노트'는 단순한 기록이 아닌 성장의 동반자입니다.

습관 만들기

습관을 만들기 위해서는 강제적인 요소가 필요합니다. 저는 스스로에게 '오늘 수업에 대한 성찰을 기록하지 않으면 잠자리에 들지 않겠다.'라는 다소 엄격한 루틴을 만들었습니다. 철저한 계획형 인간이기에 처음에는 수업을 마치고 바로 노트를 작성하는 것이 쉽지 않았습니다. 하지만 습관이라는 마법을 만들기 위해 매일 매일 매일 끊임없이 노력했습니다.

칸이 좁지만 그 좁은 칸 아래 40분 동안 진행되는 수업의 흐름, 아이들이 알아야 할 지식적인 내용 등을 간단하게 적습니다. 수업을 통해 학생들이 '알게 되는 것'과 '수행하는 것'을 반드시 간단하게나마 적으며 머릿속에서 40분의 수업을 시뮬레이션하는 것이 중요합니다. 이 과정이 없다면 수업 직전 지도서를 급하게 펼쳐 진도만 나가게 되는 얕은 수업이 되는 것이지요. 하지만 이렇게 간단히 수업 흐름을 기록하면서 전체적인 수업 진행 상황을 떠올려 보고 필요한 발문과 피드백 내용도 뒤이어 떠올리게 됩니다. 이 시뮬레이션 과정에서 배움이 느린 아이들이 어려워할 부분이 생긴다면 어떤 피드백을 해 줄지도 미리 예상하여 기록하기도 합니다. 또는 지난 시간의 수업이 오늘까지 이어진다면 지난 시간 활동 결과물을 보고 오늘 아이들에게 해 줄 피드백을 미리 적어 두기도 합니다.

글씨가 반듯하면 좋겠지만 만약 바쁘다면 반듯한 글씨에 대한 강박을 버리고 빠르게라도 어떻게든 수업 노트를 적는 습관을 기르는 것을 추천합니다.

효율적인 수업 발문 노트 작성 방법

- 내일 수업에서 실시할 과목을 선정하고 학습 목표들을 적습니다.
- 수업의 전체적인 흐름과 꼭 짚어야 할 지식적인 부분을 도식화하여 그립니다.
- 수업의 흐름과 내용에 대해서 기록한 후, 필요한 핵심 발문과 피드백 내용을 떠올려 기록합니다.
- 아이들에게 던져지는 발문은 지시 형식이 아닌 안내나 재질문 형식에 가깝습니다.
- 자신에게 던지는 질문과 성찰 내용을 기록하는 것이 중요합니다.

마치 요리사가 레시피를 기록하듯, 핵심적인 내용을 기록하면 나중에 다시 볼 때 도움이 됩니다.

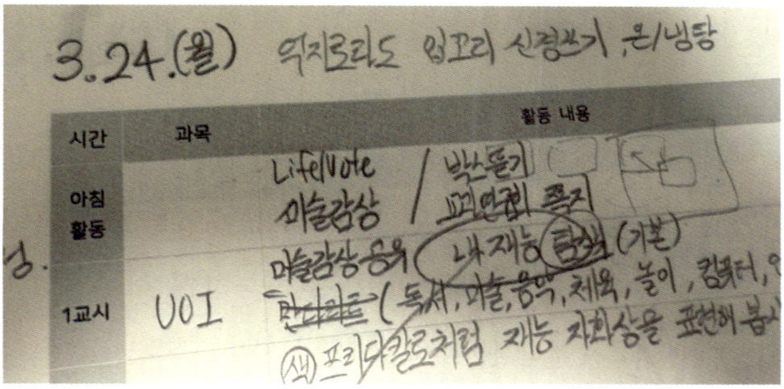

[그림 6-2] **수업자로서 긍정적인 태도를 지니기 위한 자기 암시**

2. 매일 수업을 연마하는 연금술

멘티의 질문

Q 매일 수업을 되돌아보는 것은 자기 긍정과 자기 비판 사이의 줄타기와 같습니다. 흐린 거울을 닦아 내고 진실된 수업의 모습을 마주하는 방법은 무엇일까요?

매일 홀로 마주하는 반성의 시간은 고독한 수련과정과 같습니다. 외과의사가 수술 후 냉철하게 복기하듯, 교사 또한 끊임없이 자신을 해부하고 재구성해야 합니다.

매일의 성찰은 전문성을 빚어 내는 정교한 작업입니다. 오늘의 수업을 성찰한 내용을 토대로 머릿속에 내일의 수업 흐름을 미리 그려 봅니다. 건축가가 견고한 설계를 하듯 철저한 준비는 성공적인 수업의 반석이 됩니다.

때로는 스스로에게 유쾌한 주문을 걸어야 합니다. 아이들의 특성을 고려한 조 편성, 꼼꼼한 노트 평가 등은 노련한 연출가가 배우의 잠재력을 끌어내듯, 학생 한 명 한 명을 빛나게 하기 위한 섬세한 노력입니다. 객관적인 피드백은 성장의 거름이 되지만, 긍정적인 자기 암시는 지치지 않고 나아갈 수 있는 에너지원이 됩니다.

아이들에게 "이렇게 조사하면 좋겠다."라는 조언을 해 주고 싶어서 관련된 내용을 열심히 공부하기도 했습니다. 아이들에게 어떤 질문을 던져야 할지 어떤 이야기를 해 줘야 할지 꼼꼼하게 적어 놓고 1교시에는 시각화 정리, 2교시에는 문제 해결 기념 지도 그리기 등 수업 흐름을 미리 계획해 두기도 합니다. 이는 마치 작가가 작품을 쓰기 전에 배경자료 조사를 하듯, 끊임없는 학습과 연구는 교사의 역량을 강화합니다.

> 저는 교과 이동 시간에 아이들 노트 평가를 하며 아이들의 현재 상황을 진단하는 데 시간을 쏟아요. 6~7월은 학기 말이라서 좀 느슨해질 법도 한데 저도 아이들에게 어떤 말을 해 줄지 어떻게 피드백을 줘야 할지 끊임없이 고민하고 있어요. 지난주에도 '어떻게 하면 아이들이 더 성장할 수 있을까?'를 머릿속으로 계속 그렸던 것 같아요. 방학이 코앞인데도 말이죠. (웃음)

저는 반성을 정말 많이 하는 편입니다. 이렇게 꼼꼼하게 준비하지 않으면 수업 전달량이 많은 수업을 매일 하는 제가 정리가 안 되더라고요. 그래서 이렇게 나름 체계적으로 구성해서 수업을 진행하려 노력하고 있습니다. 마치 운동선수가 휴식 시간에도 훈련 계획을 세우듯, 이러한 끊임없는 고민과 노력은 발전을 가져옵니다.

멘티의 질문

Q **매일 수업을 평가하고 반성하는 것이 성장의 필수 조건임을 절감했습니다. 객관적인 수업 평가를 위한 현실적인 방법은 무엇일까요?**

왜곡된 렌즈로는 진실을 보기 어렵습니다. 화려한 자료나 기술이 아닌, 아이들의 마음을 움직이는 진심이야말로 성공적인 수업의 핵심입니다. 무대를 꾸미기보다 아이들의 이야기에 귀 기울이는 것이 중요합니다. 자신을 객관적으로 평가하기는 어렵습니다. 아름다운 기억에만 취하거나, 사소한 실수를 확대하며 괴로워할 때도 있습니다.

수업 평가와 반성은 교사의 성장을 위한 필수 과정입니다. 하지만 자신을 지나치게 괴롭히지 마세요. 스스로에게 따뜻한 격려를 보내고, 아이들의 무한한 가능성을 믿으며, 더 나은 내일을 향해 나아가는 것이 교사가 추구해야 할 가치입니다. 열심히 나아가려는 자신에게도 아낌없는 응원을 보내십시오. 엄격하되 따뜻함을 잃지 않는 균형 감각이 필요합니다.

한편, 과거의 실패에 얽매이지 않는 것도 중요합니다. 오직 미래를 향한 에너지, 아이들의 잠재력을 깨우는 질문, 한 명 한 명의 가능성을 조형하는 수업 설계에 집중합니다. 다음 수업을 위한 구체적인 계획은 불확실한 미래를 향해 나아가는 용기를 줍니다.

객관적 시각은 혼자 얻을 수 없습니다. 동료 교사의 참관과 피드백은 자신을 객관적으로 바라보게 합니다. 내가 진행한 공개 수업 영상을 분석하는 것은 수업을 직접 하며 느끼지 못한 개선점을 찾도록 돕습니다. 중요한 것은 열린 마음과 건설적인 비판을 수용하는 자세입니다. 다양한 관점은 객관적인 평가를 가능하게 합니다.

수업의 질은 교사의 열정과 탐구심에서 비롯됩니다. 교사가 탐구하는 습관을 갖추지 못하면 아이들에게 긍정적인 영향을 줄 수 없습니다. 학기 초, "선생님은 절대 지치지 않음!"이라고 적어 놓는 것은 아이들에게 제 자신을 소개하는 말이기도 하지만, 저 자신과의 약속이기도 합니다. 운동선수가 훈련하듯, 교사는 끊임없이 배우고 성장해야 합니다. 멈추지 않는 배움과 성장의 열정은 아이들에게 긍정적인 자극이 되어 함께 미래로 나아가는 원동력이 될 것입니다.

김재신 선생님 특징

- 우리는 이미 본 사이
  → 4-3이거나 4-1, 4-2이거나 모두 평등
- 여태까지 겪은 다른 학년보다 정말 치열하게 1년을 보낼 것(각오할 것)
- 1년 동안 절대 중간에 포기하지 않고 1년 동안 지치지도 않음(각오할 것)

[그림 6-3] 학기 초 김재신 선생님의 특징을 알려 주는 프레젠테이션

3. 완전 학습이 핵심이다

멘티의 질문

Q 도움이 필요한 아이들에게는 더 많은 지원이 필요하지만, 시간과 자원은 늘 턱없이 부족합니다. 과연 완전 학습이라는 이상을 실현할 수 있을까요?

TV 프로그램 〈냉장고를 부탁해〉의 셰프들이 즉석에서 요리를 만들어 내는 모습은 겉으로는 마법처럼 보이지만, 실제로는 그들의 수년간의 연습과 재료에 대한 숙련에서 비롯됩니다. 셰프들이 여러 재료의 특

성과 조합 가능성을 즉시 떠올릴 수 있는 것은 평생의 경험이 머릿속에 요리 지도를 만들어 놓았기 때문입니다. 마찬가지로 학생들이 개별적으로 모두가 창의적 설계나 정교한 피드백을 하려면, 각 사실(재료)에 대해 직접 보고, 만져 보고, 분석해 보는 반복적인 훈련이 선행되어야 합니다. 그 경험들이 결합되어야만 새로운 상황에서 적절히 적용할 수 있는 개념적 이해가 형성됩니다.

교육적 의미는 분명합니다. 개념적 이해는 추상적 주장만으로 생기지 않습니다. 3 · 15 마산 의거, 4 · 19 혁명, 5 · 18 민주화 운동 등 개별 사건의 '명확한 특성'을 학생들이 충분히 숙지하고, 그것을 여러 관점에서 재검토해 본 경험이 있어야 비로소 사건들 사이의 공통 속성을 추상화할 수 있습니다. 따라서 교사는 단순한 정답 전달자가 아니라, 구체적 관찰 기준과 모델 답안을 제시하고 반복 연습과 피드백 기회를 제공하는 촉진자가 되어야 합니다. 그렇게 쌓인 지식과 훈련이야말로 학생들이 현장에서 근거 있는 평가와 창의적 적용을 할 수 있게 하는 토대입니다.

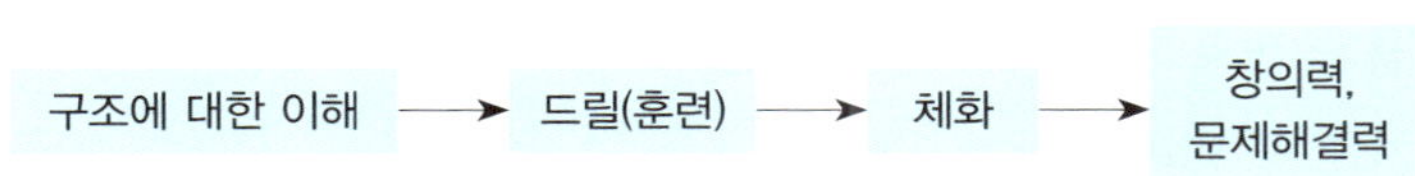

[그림 6-4] **완전 학습을 위한 숙달의 과정**

불가능은 없습니다. 불가능하다고 단정 짓는 순간 성장은 멈춰 버립니다. 아이들의 잠재력을 믿고 끊임없이 노력한다면 그 어떤 어려움도 극복하고 완전 학습이라는 꿈에 가까워질 수 있습니다. 포기하지 않는 노력은 기적을 만들어 냅니다.

수업 시간에 배우는 내용을 자신의 것으로 만들고 스스로 설명할 수 있을 때, 비로소 진정한 앎에 도달할 수 있습니다. 완전 학습이라는 위대한 꿈을 향해 멈추지 않고 나아갈 것입니다. 아이들의 가능성을 믿고 끊임없이 노력한다면 우리 모두는 함께 성장하는 행복한 미래를 만들어 갈 수 있습니다. 스스로 깨닫고 이해하는 것이 진정한 앎입니다.

운동선수가 기초 체력 훈련을 게을리하지 않듯, 아이들에게 끝까지 스스로 해 보는 것에 최선을 다하는 것이 성장의 첫걸음임을 강조해야 합니다. 아이들이 스스로 개념적 이해를 완성하도록 도우며 자신의 힘으로 개념을 탐구하고 이해하도록 지도해야 합니다. 저는 아이들에게 매 차시 모든 과목에서 질문을 던지도록 지도합니다. 아이들은 스스로 묻고 답하는 과정을 통해 지식을 내면화하고 완전 학습에 도달할 수 있습니다. 스스로 해 보는 것이 그 어느 때보다도 큰 성취감을 느끼게 합니다.

이상적인 완전 학습에 다다르기 위한 저희 반의 문화는 배움노트입니다. 저희 반의 배움노트는 배움의 지식적인 내용과 소감을 옮겨 적는 보통의 배움노트와 조금은 다릅니다.

저희 반의 배움노트는 철저히 수업에서 다루는 주제에 대한 개념적 이해를 목표로 합니다. 그날의 배움노트는 '다시보기-그러므로 문장-감사일기'로 구성되어 있습니다.

〈다시보기-그러므로 문장〉

1. 먼저 '[교시-과목]: 배움문제'를 쓴다.
2. 그 아래에 해당 시간에 탐구한 내용을 수업 흐름에 따라 쓴다. 이것을 '다시보기' 라고 부른다. 학생이 수업 내용을 떠올리지 못할 경우를 위해 학급 커뮤니티에 알림장과 함께 수업 장면 사진 및 학습지, 교과서 사진 등을 올려 참고하도록 지원한다. 수업과정을 쓸 때는 반드시 '알게 된 것'과 '한 것'을 같이 쓴다. 보통의 학생들은 '한 것' 위주로 쓴다(예: 보고서를 만들었다, 영상을 제작했다). 무엇을 했는지, 그것은 무엇을 위한 것인지, 그걸 통해 어떤 것을 알게 되었는지 등의

'내용'을 반드시 적도록 학기 초에 피드백해 주어야 한다. 또한 글만 적는 것이 아니라 읽는 사람의 이해를 돕는 그림도 간단하게 그린다.

3. 수업의 내용을 다 적었으면 그 시간의 끝부분에 '그러므로 문장'을 쓴다. '그러므로 문장'은 그 시간의 배움 문제에 대한 최종 답변이다. 수업의 흐름은 질문에서 출발한다. 그리고 40분 동안 그 질문에 답하기 위해 조사하고 탐구한다. 결국 40분이 끝난 후에는 수업의 첫 순간에 확인한 배움 문제에 학생 스스로 답을 내릴 수 있어야 한다. 학생들이 내린 '그러므로 문장'의 방향은 전체적으로 비슷하지만 세부적인 부분은 다를 수 있다.
4. 하루의 모든 시간을 다 정리한다면 학생들이 오히려 부담을 많이 느끼기 때문에 하루에 교과 전담 시간을 제외하고 1~3개 정도의 교과만 정리하도록 한다.

〈감사일기〉

그날의 다시보기를 다 썼다면 감사일기를 쓴다. 감사일기는 '날씨'와 '감사일기 3개'로 구성되어 있다.

1. 날씨도 학생들의 문장 표현력을 기르기 위해 '재미있는 문장'으로 쓰도록 교육하였다(예: 맑다 ➡ 해가 기분이 좋아서 기지개를 편다).
2. 날씨를 쓴 뒤 그 아래에는 감사일기 3개를 쓰는데, 그날 있었던 대상과 상황에 대한 구체적인 묘사를 강조한다(예: 선생님께 감사하다 ➡ 선생님께서 내가 주눅이 들 때마다 격려해 주시고 응원해 주셔서 감사하다).
3. 감사일기 3개 중 1개는 반드시 '담임선생님'에게 쓴다.

처음에는 이런 형식의 배움노트를 쓰는 것이 어려워서 몇 시간이고 끙끙댑니다. 하지만 시간이 지나면 익숙해져서 30분 내외의 시간으로 최고의 배움 성찰을 하는 경우가 많습니다.

무엇보다도 이 노트의 장점은 자기주도적인 배움 성찰입니다. 그날에 무슨 배움이 있었는지 학급 커뮤니티를 보며 배운 내용을 먼저 머릿속으로 다시 돌아보고, 그것을 글과 그림으로 시각화하면서 생각을 정

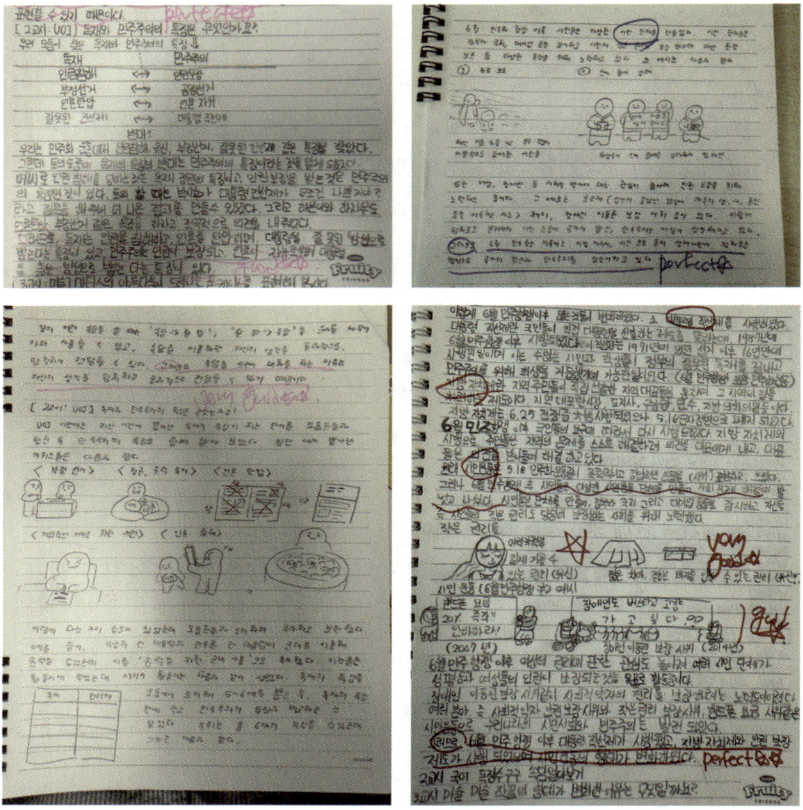

[그림 6-5] **배움노트를 작성한 사례**

교화합니다. 학부모께서도 학생들이 이 노트를 쓰기 위해 학교에 다녀와서 책상에 앉아 스스로 배움을 정리하는 것을 보고 매우 만족하셨습니다.

또한 중학교에 올라간 저의 제자들이 이런 고백을 했습니다. "선생님의 배움노트 덕분에 글쓰기 실력이 늘어났음은 물론이고 '그러므로 문장'으로 글을 마무리하는 습관이 들다 보니 국어 선생님들께 글이 논리적이라는 칭찬을 받는다."라고요. 매일 꾸준하게 배움을 성찰하는 긴 글쓰기는 학생들의 성장에 무조건적인 도움을 줄 것이라고 확신합니다.

아이들이 스스로 성장하는 모습을 볼 때 가슴 벅찬 감동을 느낍니다. 마치 농부가 땀 흘려 가꾼 곡식이 풍성한 수확으로 이어지는 것을 보며 기쁨을 느끼듯, 아이들의 성장은 교사에게 가장 큰 보람이자 행복입니다.

4. 교사의 열정을 지키는 법

멘티의 질문

Q 과도한 업무, 부족한 지원, 학부모와의 갈등……, 교사로서 열정을 유지하기란 현실적으로 너무나 어렵습니다. 이 모든 어려움 속에서도 열정을 잃지 않고 아이들에게 긍정적인 에너지를 전달하는 방법은 무엇일까요?

열정은 어려움 속에서도 빛을 잃지 않아야 합니다. 교사의 열정은 아이들의 성장을 이끄는 가장 강력한 원동력입니다. 저는 아이들의 가능성을 믿고 끊임없이 배우고 성장하는 자세를 유지하며, 아이들에게 긍정적인 영향을 미치기 위해 노력합니다. 이것이 바로 제가 지치지 않는 에너지의 비밀입니다.

6학년 아이들에게 '선생님은 절대 지치지 않음'이라는 글귀를 빨간색 글씨로 써서 강조합니다. 말에는 힘이 있기 때문입니다. 교사의 가슴 속에 활활 타오르는 열정은 마치 태양과 같습니다. 그 뜨거운 에너지는 아이들의 잠재력이라는 굳게 닫힌 문을 열고 성장이라는 새로운 세상으로 나아갈 수 있도록 돕는 가장 강력한 원동력입니다.

저에게 가장 큰 힘이자 지치지 않는 에너지의 원천은 바로 아이들입니다. 아이들의 해맑은 웃음, 반짝이는 눈빛, 그리고 작은 변화와 놀라운 성장을 가슴 벅차게 바라보는 순간, 저는 교사로서의 존재 이유를 확인하고 어떤 어려움도 이겨 낼 수 있다는 용기를 얻습니다. 새로운 것을 탐구하고 성장하는 아이들의 존재는 저에게 삶의 활력을 불어넣어 줍니다.

무엇보다 가장 중요한 것은 나 자신을 사랑하는 마음입니다. '내가 행복해야 아이들도 행복할 수 있다.'라는 믿음을 가지고 나 자신을 먼저 돌보는 것을 결코 잊지 않습니다. 자신의 마음을 건강하게 보살피는 것은 아이들의 성장을 돕는 교사의 가장 중요한 임무입니다.

아이들에게 사랑을 주기 전에 먼저 자신을 사랑하십시오. 아이들의 가능성을 믿고 끊임없이 노력하는 열정적인 선생님의 모습은 그 자체로 아이들에게 가장 강력한 동기가 될 것입니다. 지치지 않는 에너지로 아이들을 사랑하고 존중하며 함께 성장하는 행복한 교사가 되십시오.

오늘 수업이 계획대로 흘러가지 않았나요? 아이들 앞에서 전문가로서 부족함을 느꼈나요? 괜찮습니다. 주식 그래프처럼 하루하루의 등락에 일희일비하지 마세요. 중요한 건 전체적인 흐름입니다. 돌아보면 당신의 성장은 분명 우상향 곡선을 그리고 있을 겁니다.

매일 완벽한 수업을 할 수는 없습니다. 때로는 망쳤다는 생각이 들 때도 있겠죠. 하지만 당신의 모든 실수는 생각보다 타인에게 자세히 보이지 않습니다. 중요한 건 당신이 그 실수를 인지하고 내일 더 나은 수업을 위해 보완하려는 의지를 갖는다는 것입니다.

오늘의 실패는 내일의 밑거름입니다. 좌절 대신 내일의 기회를 잡으십시오. 작년의 자신과 비교하며 작은 성과라도 발견하고 스스로를 격려하십시오.

오늘의 작은 실패는 당신의 성장을 정의하지 않습니다. 더 큰 성장으로 가는 디딤돌일 뿐입니다. 수업이 기대에 미치지 못했더라도, 전체 성

jaso._.n 😱계획한 대로 수업이 안 되면 굉장히 스트레스를 받는다ㅎㅎ..
어저께 SPOT 메타버스에서 발표물 공유하기를 접하고
우리 반을 그대로 고증한 교실을 밤새 구축하며
내일 아이들과 재밌게 보낼 시간을 기대했다.
쉬는 시간에 애들에게 맛보기로 시연해주니 굉장히 기대한 눈빛이었다.
막상 수업에 들어가니 크롬북의 사양이 낮아서 22명의 인원을 수용할 수 없었다.
누구는 튕기고, 렉도 심하게 걸려서 다들 김이 샌 모양이었다.
누구보다도 힘든 건 나였는데, 5교시에 이 활동을 하고 지금까지의 배움을 정리하는 일반화 단계로 연결지으려 했거늘 이 활동이 굉장히 문제였기에 전체적으로 분위기가 어수선했다.
괜히 애들의 분위기를 잡으려고 내 목소리도 커지고 나도 정신줄 붙잡으려 부단히 애썼다.
내 컴퓨터를 내어주고, 내 노트북을 내어줘서 어떻게 저떻게 활동은 했지만 굉장히 떨어진 텐션으로 하교를 시키게 되었다.

저도 수업 자주 망해요.. □
하지만 내일 또 아이들에게 성공 경험을 주기 위해 어떻게든 한번 더 하려고 합니다🔥

12주

[그림 6-6] **완벽하지 못한 수업을 했을 때 SNS에 성찰한 내용**

장의 한 부분으로 받아들이세요. 전문가로서의 길은 고도화된 우상향 곡선과 같고, 그 곡선은 계속 상승하고 있습니다. 산을 오르듯, 오르막과 내리막이 있지만 결국 정상에 도달할 수 있습니다.

우리는 완벽할 수 없으며 때로는 좌절합니다. 중요한 것은 실수를 인지하고 더 나은 방향으로 나아갈 의지를 갖는 일입니다. 실수를 통해 배우고 자가 성장에 힘쓰며, 끊임없이 자신을 돌아보고 개선해야 합니다.

과거의 실패와 성과를 되돌아보며 자신을 객관적으로 평가하세요. 매일 작은 변화들이 모여 큰 성과로 이어지고 있습니다. 작년의 자신과 비교할 때 분명한 발전이 있을 것입니다. 작은 성취들을 기쁨으로 삼으며 스스로를 격려하십시오.

5. 완벽을 향한 열정, 섬세한 준비

저는 뼛속까지 계획형 인간입니다. 수업 준비도 늘 공개 수업처럼 심혈을 기울입니다. 다른 선생님들이 보기엔 다소 미련하게 느껴질 수도 있겠지만, 저는 그렇게 꼼꼼하게 준비하는 과정에서 스스로 자아효능감을 느낍니다. 제 직업은 아이들에게 도움을 주는 사람이니까요. 그리고 솔직히 어느 정도 알려진 사람이기도 해서 '내가 좀 더 열심히 해야 한다.'는 강박관념이 있습니다. 꼼꼼한 준비는 수업자로서 자신감을 높여 줍니다.

그래서 전날 수업 준비에 2~3시간은 쏟는 것 같습니다. 그날 수업에 필요한 필수 발문들을 미리 준비해 둡니다. 아이들이 수업 내용을 잘 따라오지 못할 경우, 그 발문들을 활용해서 어떻게든 이끌어 갈 수 있도록 장치를 마련하는 겁니다. 물론 아이들이 모두 제가 예상하는 방향으로 따라올 필요는 없지만 어느 정도의 방향성은 제시해 줘야 그 안에서 아이들이 자유롭게 탐구할 수 있다고 생각합니다. 핵심 발문 몇 개를 미리 준비해 두는 것은 수업 중 위기 상황에 대처하는 데 도움을 줍니다.

도움이 필요한 아이들에게는 1대1 피드백을 제공하기 위한 계획도 세웁니다. 스스로 자료를 검색하거나 찾거나 조직화하는 능력이 부족

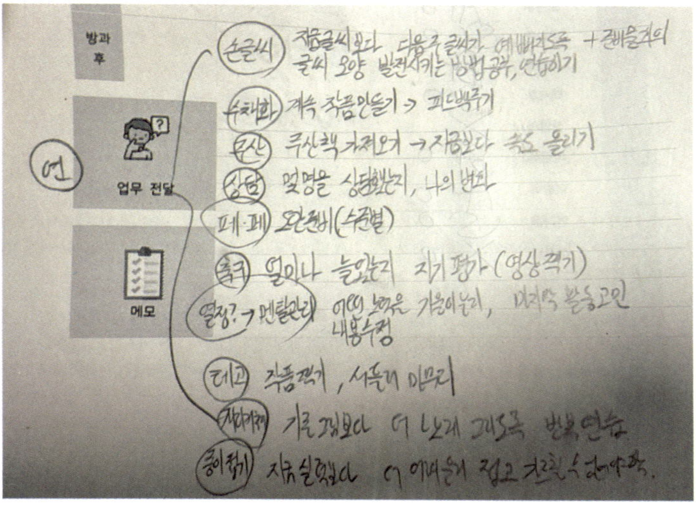

[그림 6-7] **모둠별로 부여할 피드백 계획**

한 아이들에게는 제가 직접 1대1로 가서 발문을 하거나 도움을 줍니다. 어떤 자료를 제공하면 좋을지 참고할 만한 소스 몇 개를 미리 준비해 두기도 하고요. 다른 선생님들도 다들 그렇게 하시겠지만, 저는 좀 더 체계적으로 준비하려고 노력하는 편입니다. 어떤 단어를 사용해서 아이들에게 필수 발문을 해야 효과적인지 꼼꼼하게 고민합니다. 맞춤형 피드백은 완전 학습 효과를 높여 줍니다.

저희 반 아이들의 장점은 뛰어난 글쓰기 실력입니다. 그 비결은 매일 글을 쓰는 훈련에 있습니다. 매일 배운 내용을 에세이처럼 쓰고, 개념 일반화와 개념적 이해를 적어야 합니다. 이 꾸준한 훈련이 아이들의 글쓰기 실력 향상에 큰 도움이 되었습니다.

저희 학교는 한 학기에 3번 성장 보고서를 작성하는데, 아이들이 직접 자신의 성장 과정을 에세이 형태로 작성해야 합니다. 그 에세이는 교장, 교감 선생님의 검토를 거쳐 가정으로 발송됩니다. 글쓰기 훈련을 연

작성 규칙	글자 수	5,652자 (1000자 이상)	문단 수	7문단 자유형
	필수 단어	민주화 삼권분립 민주주의 견제 균형 의사결정 변화 책임		

UOI 2. 에세이

이번 UOI의 주제는 '민주주의'였다. 우리는 이번 UOI에서 세 가지를 탐구해 보았는데, LOI 1에서는 민주주의의 변화, LOI 2에서는 국가기관의 역할과 민주주의의 원리, 그리고 LOI 3에서는 민주주의를 실천하는 방법을 주제로 알아 보았다.

먼저, LOI 1은 변화의 렌즈로 " 민주주의는 무엇으로 변화했는가?"라는 질문과 함께 시작했다. 우리는 우리나라의 최초의 민주화 운동인 2.28 민주화 운동을 반 전체로 탐구했다. 2.28 운동은 이승만 정부(자유당)가 장면 후보의 선거 유세에 대한 학생들의 참여를 막은 것으로 시작한 학생이 중심이 된 민주화 운동이었다. 그다음으

[그림 6-8] 학생이 쓴 에세이 사례

중 받는 아이들이다 보니 최소 1600자 이상, 심지어 5700자나 쓰는 경우도 있습니다. 글쓰기는 아이들이 자신의 생각을 표현하는 좋은 도구입니다.

아이들이 글을 쓸 때 도움이 될 만한 자료와 팁들을 미리 준비해 둡니다. 어떤 이야기를 해 줘야 아이들이 글을 더 잘 쓸 수 있을지 고민합니다. 꼼꼼하게 준비하는 과정은 힘들지만, 아이들이 성장하는 모습을 보면 그 모든 노력이 보상받는 기분입니다. 교사는 아이들의 성장을 위해 다양한 자원과 관심을 부어 가며 끊임없이 노력해야 합니다.

6. 아이들과 함께 성장하는 교사

멘티의 질문

Q 수많은 갈래 길 앞에서 방향을 잃지 않고 교사로서 끊임없이 배우고 성장하기 위한 구체적인 방법이 있나요? 어떤 분야에 집중해야 할까요?

배움에는 정해진 길이 없습니다. 호기심이 이끄는 대로 마음이 끌리는 분야를 자유롭게 탐험하십시오. 어떤 분야든 배움을 통해 얻은 지혜는 아이들의 성장을 돕는 소중한 자산이 될 것입니다. 폭넓은 지식은 풍부한 표현력을 가능하게 합니다.

아이들의 질문에 진심으로 답해 주고 어려움을 함께 극복하며 성장을 따뜻한 시선으로 지켜보는 과정에서 교사로서의 보람을 느낍니다. 정원사가 정성껏 가꾼 꽃이 활짝 피어나는 모습을 보며 행복을 느끼듯, 아이들의 성장을 지켜보는 것은 교사에게 가장 큰 기쁨이자 가장 강력한 동기 부여가 될 것입니다.

저는 완벽한 교사가 아닙니다. 여전히 원하는 대로 수업하지 못할 때도 많고 부족한 모습을 보일 때도 많습니다. 하지만 매일매일 배우고 성장하는 교사가 되기 위해 끊임없이 노력합니다. 제가 가진 작은 재능이 아이들에게 조금이라도 도움이 된다면 그것으로 충분히 만족합니다.

교사는 끊임없이 배우고 성장하는 직업입니다. 아이들의 가능성을 믿고 끊임없이 노력한다면 어떤 어려움도 극복할 수 있습니다. 그리고 아이들에게 최고의 롤모델이 될 수 있습니다. 사랑과 열정으로 가득 찬 마음으로 아이들의 삶에 긍정적인 영향을 미치는 존경받는 스승이 되십시오. 교사는 아이들에게 삶의 방향을 제시해 주는 역할을 해야 합니다.

교사는 단순히 지식을 전달하는 스피커가 아닙니다. 아이들의 삶이라는 무대 위에서 꿈과 희망을 연기하는 배우이자 삶의 방향을 제시하는 나침반과 같은 롤모델이 되어야 합니다. 저는 아이들에게 끊임없이 배우고 성장하는 모습을 보여 줌으로써 그들의 마음속에 긍정적인 울림을 전달하고 함께 성장하는 기쁨을 누리려고 노력합니다.

아이들에게 무엇을 하라고 강요하기보다는 왜 그것을 해야 하는지 설득하고 스스로 선택하도록 돕습니다. 억지로 하는 것은 오래가지 못하기 때문입니다. 아이들의 자발적인 참여를 유도하고 내재된 동기를 자극하여 스스로 성장하는 힘을 길러 주십시오.

제가 가진 수업 자료와 경험을 다른 선생님들과 나누는 것을 즐거워합니다. 함께 배우고 성장하는 것이야말로 진정한 교육이라고 믿기 때문입니다. 숲을 함께 가꾸는 마음으로 서로의 지혜를 공유하고 협력하며 더 풍요로운 교육 생태계를 만들어 나가는 것이 굉장히 중요합니다. 저는 함께 배우고 성장하는 것이 진정한 교육이라고 믿습니다.

교사로서 끊임없이 배우고 성장하기 위해서는 다양한 분야에 관심을 갖고 적극적으로 배우려는 자세가 중요합니다. 교육 관련 서적을 읽거나 교육 연수에 참여하거나 온라인 학습 플랫폼을 활용하는 것도 좋은 방법입니다. 또한 자신의 전문 분야를 심화시키기 위해 관련 자격증을 취득하거나 연구 활동에 참여하는 것도 도움이 됩니다. 중요한 것은 자신의 관심사와 필요에 맞는 학습 계획을 세우고 꾸준히 실천하는 것입니다. 끊임없이 배우고 성장하는 교사의 모습은 아이들에게 긍정적인 영향을 미치고 함께 성장하는 기쁨을 누릴 수 있도록 해 줄 것입니다.

7. 과거의 나를 넘어서다

저는 IB World School 학교 오기 전에도 열심히 수업했다고 자부했던 적이 있습니다. 그때도 아이들이랑 정말 재미있게 수업했고 썼던 지도안이나 PPT 자료도 꽤 괜찮다고 여겼었죠. 그런데 지금 와서 보면……, 글쎄요. 도저히 못 쓰겠더라고요. '내가 이걸 왜 그렇게 좋다고 생각했지?' 싶을 정도예요.

과거의 나를 부정하는 듯한 이 말은 사실 끊임없이 성장하고 있는 나를 발견하는 순간이기도 합니다. 돌아보면 저는 조금씩이나마 성장하고 있다는 걸 느껴요. 그래서 매일매일 성장할 거라고 믿고 오늘 좀 실패하더라도 일희일비하지 않으려고 노력합니다. 물론 쉽지는 않아요. 하지만 어제의 나보다 조금이라도 더 나은 교사가 되기 위해 오늘도 묵묵히 탐구의 길을 걸으려고 노력하고 있습니다.

8. 탐구의 길, 함께 성장하는 교사와 학생

아이들과 탐구 수업을 하다 보면 흥미로운 현상을 발견합니다. 분명히 유능함을 가진 아이들인데 제가 계속 답을 알려 주지 않고 스스로 찾으라고 하면 좌절감을 느끼는 경우가 종종 있습니다. 반면에 또 어떤 아이들은 기초 학력이 부족하지만 오히려 탐구 수업을 더 잘 따라와요.

그렇다면 유능함이란 무엇일까요? 단순히 지식을 많이 알고 문제를 잘 푸는 능력만을 의미하는 걸까요? 탐구 수업에서는 그 이상의 무언가가 필요한 것 같습니다. 불확실성을 견디는 능력, 실패를 통해 배우는 능력, 끊임없이 질문하고 답을 찾아가는 능력……, 이런 것들이 탐구 수업에서 진정으로 유능한 학생을 만드는 요소가 아닐까 생각합니다. 탐구 수업에서도 다양한 역량이 조화롭게 어우러져야 합니다.

"잘하고 싶은 욕심이 큰 친구들이 좌절감을 느끼는 건 왜일까?" 이건 끊임없이 저를 괴롭히는 질문입니다. 완벽주의 성향이 강한 학생일수록 탐구 과정에서 자신의 부족한 점을 발견하고 좌절감을 느끼는 경향이 있는 것 같아요. 탐구는 완벽한 결과물을 만들어 내는 것이 아니라 시행착오를 통해 배우고 성장하는 과정인데 말이죠. 운동선수가 완벽한 경기를 추구하지만 실수를 통해 배우고 성장하는 과정과 같습니다.

결국 탐구 수업은 학생들뿐만 아니라 교사에게도 성장의 기회를 제공합니다. 저는 아이들과 함께 탐구하는 과정에서 끊임없이 배우고 깨닫고 성장합니다. 그리고 그 성장은 다시 수업에 반영되어 더 나은 탐구 경험을 제공하는 선순환을 만들어 냅니다. 이것이 바로 제가 탐구를 멈출 수 없는 이유입니다.

더 놀라운 건 의욕이 넘쳐서 처음부터 너무 열심히 하던 아이들이 오히려 더 빨리 방전된다는 사실이었어요. 그리고 나이가 어릴수록 학습에 대한 호기심이 상대적으로 크기 때문에 방전 속도가 더 느린 것 같아요. 제가 4학년 담임을 했을 때는 7월까지 아이들의 에너지 레벨이 비교적 잘 유지됐었거든요. 그런데 고학년으로 올라갈수록 5, 6월에 벌써 방전된 아이들이 눈에 띄게 많아졌어요. 3, 4, 5월에 에너지를 너무 쏟아부은 탓일까요? 자동차가 과속하면 엔진이 고장 나는 것과 같이 에너지를 과도하게 소모하면 쉽게 지칠 수 있습니다.

아이들을 지켜보면서 '의욕이 넘치는 아이들이 오히려 실패에 더 쉽게 좌절할 수도 있겠구나.'라는 걸 깨달았습니다. 신기하게도 학업성취도에 크게 동요하지 않는 아이들은 꾸준히 앞으로 나아가더라고요. 실패를 받아들이는 태도가 중요한 것 같아요. 학업 수준도 중요하지만, 학습을 대하는 태도 역시 학습의 지속성에 큰 영향을 미치는 것 같습니다.

아이들이 주인공이 되는 IB 교육

제3부

IB 교육: 모두를 위한 교육인가

제7장

IB 교육은 혁신인가

1. IB 교육과의 첫 만남

멘티의 질문

Q 선생님은 IB 교육을 언제 처음 만나게 되셨을까요?

저는 IB를 접하기 전 다문화 학교에서 근무했습니다. 여러 국가 출신의 아이들과 함께 재미있게 수업을 하고 종종 프로젝트 수업도 기획하면서 수업의 변화도 시도했었습니다. 학교를 옮길 때가 되었는데, 한 장학사님의 소개로 IB 월드스쿨로 초빙받아 이동하게 되었습니다. 이전에 근무했던 다문화 학교가 IB 관심학교였기 때문에 연수도 받고, 국제학교의 수업도 참관했던 터라 더욱 기대가 되었습니다.

IB 학교에서 만난 아이들을 통해 수업의 틀이 넓어졌습니다. 한 장학사님이 제 수업을 보시고 나서 협의회에서 이런 말씀을 하셨습니다. "김재신 선생님이 이렇게 수업을 열심히 할 수 있었던 것은 IB 월드스쿨에 와서 그렇다. IB 월드스쿨이라서 IB 프로그램을 정식으로 가르치느라 힘든 학교지만, 반면에 IB 월드스쿨이라서 오히려 편하게 배우고 수업한 것이 있다." 그 말이 맞습니다. 만약 제가 다른 일반 학교에 갔었다면 개념 기반 수업을 몸소 느끼면서 배울 수 없었을 것이고 글로만 접했을 것입니다. 하지만 이 학교에서 굉장히 정석적이고 쉴 틈 없이 수업하다 보니 수업을 구상하고 실행하는 과정에서 무엇이 힘들고 무엇이 맞는지를 직접 알게 되었습니다.

[그림 7-1] **팔레트교실의 공개 수업**

물론 IB 월드스쿨이라 해야 할 일도 많고, 수업에 요구되는 것도 많고, 퇴근도 간혹 늦지만 돌아보면 다른 환경에서 근무했을 때보다 더 많은 것을 더 빨리 배우는 것 같습니다. 연수를 통해 피상적으로 이론만 배우는 것보다는 직접 경험하면서 배우는 것이 더 효과적입니다. 첫해에는 제가 수업을 잘하는 교사라고 자부했는데 그다음 해에 보니 작년의 수업은 상당히 부족했다는 것을 깨달았습니다. 스스로를 성찰할 줄도 알게 되었습니다. 작년보다 올해 수업에 대한 시야가 더 발전했고, 발전해야만 한다는 것을 스스로 느꼈기 때문입니다. 평생학습자로서 학생들에게 모범을 보이기 위해서는 교사 또한 끊임없이 성찰하고 개선해야 합니다.

2. IB 교육, 한국 교육의 혁신을 이끌 씨앗인가

멘티의 질문

Q 한국 교육의 진정한 혁신을 이루기 위해 IB 교육은 어떤 역할을 해야 할까요?

IB 교육만이 좋은 수업의 정답이 아닙니다. 하지만 학생 중심의 교육, 탐구 기반 학습, 국제적인 마인드 함양과 같은 혁신적인 요소들을 통해 한국 교육에 새로운 활력을 불어넣고 더 나은 미래를 향해 나아갈 수 있도록 돕는 희망의 씨앗이 될 수 있습니다. IB 교육은 한국 교육에 충분히 혁신을 가져올 수 있습니다.

세상의 기준에 맞춰 아이들을 평가하는 획일적인 교육에서 벗어나 아이의 강점에 집중하고 개인의 잠재력을 최대한으로 끌어내기 위해 노력하는 교육, 이것이 바로 한국 교육이 나아가야 할 방향이라고 생각합니다. 아이들의 개성과 재능을 존중하고 개별 맞춤형 교육을 통해 잠재력을 꽃피우도록 돕는 것이 중요합니다.

IB 교육이 한국 교육 시스템에 성공적으로 정착하기 위해서는 우리 교사들이 먼저 IB 교육에 대한 깊이 있는 이해와 실천적인 역량을 갖추는 것이 중요합니다. 끊임없이 배우고 연구하며 자신의 수업에 IB 교육의 철학과 방법을 적용하려는 노력을 게을리하지 않아야 합니다. 또한 동료 교사들과 함께 IB 교육에 대한 경험과 지식을 공유하고 서로 협력하며 성장하는 공동체를 만들어야 합니다. 학부모님과 지역 사회에 IB 교육의 가치를 알리고 공감대를 형성하는 노력도 중요합니다. 작은 실천 하나하나가 IB 교육의 성공적인 정착에 기여할 수 있다는 믿음을 가지고 꾸준히 노력하는 것이 중요합니다.

획일적인 평가 기준에서 벗어나 아이들의 개별적인 특성과 잠재력을 존중하는 교육, 한국 교육이 나아가야 할 방향입니다. 획일적인 교육 시스템하에서는 소외될 수 있는 아이들의 잠재력을 발견하고 개별 맞춤형 교육을 통해 그 가능성을 실현하는 것이 중요하다는 메시지는 많은 교사에게 깊은 공감을 불러일으킬 것입니다.

3. IB 교육, 아이들의 미래를 밝히는 빛인가

멘티의 질문

Q IB 교육이 아이들의 삶에 실질적인 변화를 가져다주고 미래를 밝히는 데 기여한다는 것을 어떻게 증명하고 확신할 수 있을까요?

IB 교육의 가치는 단기적인 성과에 매몰되지 않고 장기적인 관점에서 바라봐야 합니다. 아이들이 IB 교육을 통해 얻게 되는 핵심 역량들은 당장 눈에 보이는 결과로 나타나기보다는 시간이 지남에 따라 삶의 다양한 영역에서 긍정적인 영향을 미치게 됩니다.

문제 해결 능력은 학업뿐만 아니라 사회생활에서도 어려움을 극복하고 목표를 달성하는 데 도움이 될 것이고, 창의성은 새로운 아이디어를 창출하고 혁신을 이끄는 데 기여할 것입니다. 또한 자기 주도 학습 능력은 평생 학습을 가능하게 하고 끊임없이 변화하는 세상에 적응할 수 있도록 도울 것입니다. 아이들이 IB 교육을 통해 성장하는 모습을 꾸준히 관찰하고 장기적인 관점에서 그 가치를 평가해야 합니다.

저는 아이들에게 물고기를 잡아 주는 사람이 아니라 스스로 물고기를 잡는 방법을 가르쳐 주는 어부가 되기를 희망합니다. 주입식 교육이라는 낡은 틀에서 벗어나 아이들이 스스로 문제를 해결하고 미래 사회에 능동적으로 적응할 수 있도록 돕는 것이 IB 교육이 지향하는 긍정적인 영향입니다. IB 교육은 결코 헛된 낭비가 아닌, 아이들의 빛나는 미래를 위한 가장 가치 있는 투자입니다. IB 교육은 단순한 지식 전달을 넘어 아이들의 삶을 변화시키는 힘을 가지고 있습니다. 비판적 사고 능력, 창의성, 자기 주도 학습 능력 등을 길러 아이들이 스스로 문제를 해결하고 미래 사회에 적응할 수 있도록 돕는 긍정적인 영향을 미칩니다.

결과보다 과정을 중요하게 생각하십시오. 아이들이 탐구 과정에서 힘들어도 포기하지 않고 스스로 문제를 해결해 나가는 모습을 가슴 벅찬 마음으로 바라보십시오. 완벽함을 추구하기보다는 성장하는 과정 자체에 집중한다면 IB 교육의 진정한 가치를 확신하게 될 것입니다.

아이들이 배우는 내용을 자신의 삶과 연결하도록 돕는 것도 중요합니다. 민주주의에 대해 탐구했다면 민주시민으로서 일상생활에서 실천할 수 있는 작은 실천들을 찾아보고 실천하도록 유도하는 것이죠. 학교 내의 의사결정에 적극적으로 참여한다든가, 민주적인 의사결정 과정을 준수하며 토의에 참여한다든가, 배운 내용을 실천하고 실생활에 적용하는 과정을 통해 아이들은 앎의 즐거움을 느끼고 세상을 더 깊이 이해할 수 있습니다.

눈에 보이는 결과에 일희일비하지 않고 아이들의 잠재력을 믿으며 꾸준히 노력한다면 IB 교육은 아이들의 삶을 변화시키고 미래를 밝히는 소중한 투자가 될 것입니다.

나는 이번 UOI를 하며 소통하는 사람이라는 학습자상을 얻은 것 같다. 왜냐하면 이번 UOI에서는 모든 선택을 민주적 의사결정을 거쳐 결론을 내렸기 때문이다. 민주적 의사결정의 대표적인 예시는 LOI 3에서 동아리를 정하는 활동이었다. LOI 3에서는 소통과 토론, 토의를 통해서 자신의 동아리를 더욱 알림과 동시에 다른 동아리 학생의 의견도 수용하고 존중하며 동아리를 결정하였기 때문이다. 이는 소통하는 사람의 조건이기 때문에 나는 소통하는 사람을 얻은 것 같다. 또한 소통하는 사람으로서의 경험을 통해 협력하는 법과 중요성을 깨달았다.
이번 UOI를 마치고 나는 타인과 함께 선택을 하고 결론을 내릴 때, 민주적 절차를 통해 의사결정을 실천하는 생활을 할 것이다. 예를 들어, 미술 시간에 모둠 활동을 할 때 다른 학생들의 의견을 완전히 무시하지 않고 어느 정도는 수용하고 반영하여 결정을 할 것이다. 또한 모든 학생에게 발언권을 주어서 의견을 듣고 존중하며 결론을 내리고, 모든 학생에게 한 의견에 대해 찬성과 반대를 물어서 다수결의 원칙을 따라 결정을 할 것이다.

[그림 7-2] **탐구를 통해 스스로를 성찰하고 앞으로의 실천을 다짐하기**

4. 미래를 디자인하는 핵심 역량

멘티의 질문

Q 과연 어떻게 해야 아이들에게 미래 역량들을 효과적으로 길러 줄 수 있을까요?

아이들이 스스로 빛나는 보석이 되도록 돕는 것이 바로 제 사명입니다. 저는 아이들의 잠재력을 믿고 격려하며 끊임없이 배우고 성장하는 롤모델이 되어 아이들의 미래를 디자인하는 든든한 조력자가 되고 싶습니다.

그래서 저는 아이들에게 강요하지 않습니다. 자율적인 분위기 속에서 아이들이 스스로 탐구하도록 돕고 자신의 생각을 자유롭게 표현하도록 격려합니다. 무엇보다 아이들의 생각이 제한 없이 펼쳐지도록 돕는 것이 중요합니다.

정답을 강요하지 않고 다양한 관점을 존중하는 문화를 조성합니다. 아이들이 서로의 의견을 경청하고 비판적으로 사고하며 합리적인 결론을 도출하도록 이끌어 주는 것이죠. 다양한 악기가 조화로운 선율을 만들어 내듯, 서로 다른 생각들이 융합되어 더 나은 해결책을 찾도록 돕습니다.

또한 아이들의 눈높이에 맞춰 다양한 활동을 제공합니다. 미술, 음악, 체육 등 다양한 예체능 활동을 통해 아이들의 창의성을 자극하고 문제 해결 능력을 향상시킬 수 있습니다. 그림, 음악, 춤 등 다양한 표현 방식을 통해 아이들은 자신만의 생각을 자유롭게 표현하고 세상과 소통하는 힘을 기를 수 있습니다. 다양한 도구를 사용하여 창작 활동을 하며 창의성을 자극해야 합니다.

이 모든 자율의 힘은 드릴(훈련)에서 나옵니다. 피아노를 잘 치기 위해서는 수없이 많은 연습이 필요하듯, 창의적인 사고력과 문제 해결 능력 또한 반복적인 훈련을 통해 향상될 수 있습니다. 운동선수가 반복적인 훈련을 통해 실력을 향상시키듯, 꾸준한 훈련이 중요합니다. 기본기를 탄탄하게 다진 학습자는 그렇지 않은 학습자보다 과제 집착력은 물론 주도성도 월등히 높습니다.

5. IB 교육이 길러 주는 자기 주도 학습 능력

멘티의 질문

Q **아이들이 스스로 학습 목표를 설정하고 계획을 수립하며 평가하는 과정을 경험하도록 돕기 위한 구체적인 방법은 무엇일까요?**

IB 교육은 아이들에게 스스로 항해하는 법을 가르쳐 줍니다. 아이들이 자신만의 목적지를 설정하고 항해 계획을 수립하며 스스로의 힘으로 거친 파도를 헤쳐 나가는 자기 주도 학습 능력을 길러 주는 것이죠. 드넓은 바다를 자유롭게 항해하는 탐험가처럼, 아이들은 평생 배움을 멈추지 않고 끊임없이 변화하는 세상에 능동적으로 적응하며 성장하는 주인공이 될 것입니다. 하지만 저는 아이들에게 자유를 무분별하게 주기보다는 책임감이라는 든든한 닻을 함께 가르쳐야 한다고 생각합니다. 배가 항해를 하기 위해서는 돛과 함께 닻이 필요한 것처럼, 자유와 책임감은 함께 가야 합니다.

아이들에게 자기 주도 학습 능력을 길러 주기 위해서는 스스로 선택하고 결정하는 경험을 제공하는 것이 중요합니다. 예를 들어, 활동 시간 동안 어떤 활동을 할지, 어떤 자료를 사용할지, 누구와 함께 활동할지 등을

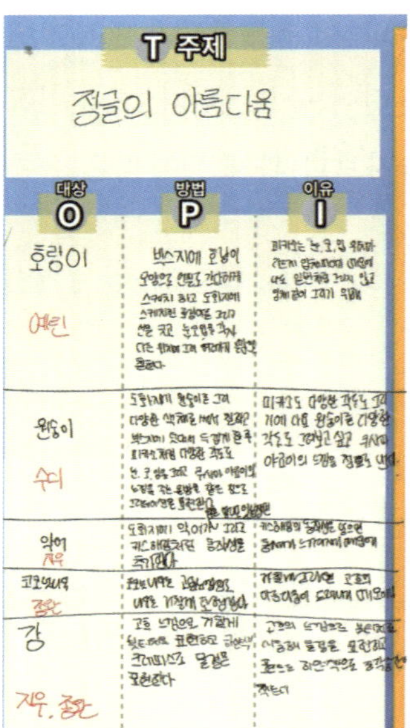

그림 그리기 전 모둠별 계획서 작성

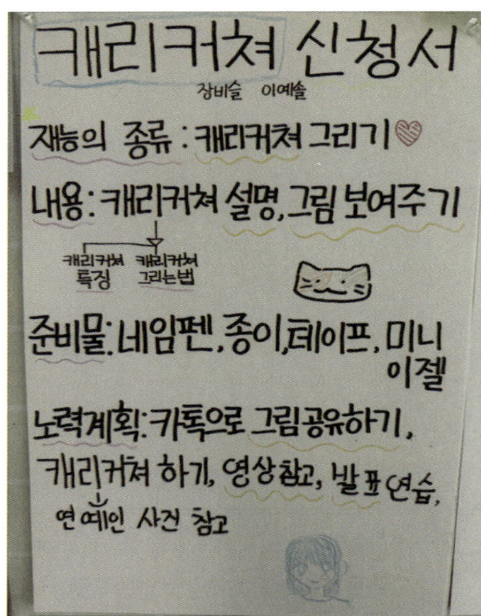

재능 발표회 부스 계획서

[그림 7-3] 아이들이 스스로 선택하여 만든 계획서 사례

스스로 선택하도록 돕는 것이죠. 또한 활동 목표를 설정하고 계획을 수립하며 활동 결과를 평가하는 과정을 간단한 형태로 경험하도록 할 수 있습니다. 그림 그리기 활동을 하기 전에 어떤 그림을 그릴지, 어떤 색깔을 사용할지 미리 생각해 보고 활동 후에는 자신의 그림에 대해 스스로 평가해 보도록 하는 것입니다. 중요한 것은 아이들이 자신의 선택에 책임을 지고 스스로 배우고 성장하는 즐거움을 느끼도록 돕는 것입니다.

아이들이 수업에 흥미를 잃지 않도록 재미있는 활동을 적극적으로 활용합니다. 하지만 재미에만 매몰되지 않도록 주의해야 합니다. 배움이라는 본질을 잊지 않고 아이들이 스스로 생각하고 탐구하며 성장하도록 돕는 것이 가장 중요합니다. 맛있는 음식을 먹는 것과 동시에 영양소를 고려해야 건강하게 성장할 수 있듯이, 재미와 배움의 균형이 중요합니다.

균형은 마치 줄타기와 같습니다. 한쪽으로 치우치지 않고 중심을 잡는 것이 중요합니다. 자유를 주되 방종으로 이어지지 않도록 적절한 통제를 가하고 책임감을 함께 가르쳐야 합니다. 저는 아이들이 하기 싫은 일도 기꺼이 해내는 사람으로 성장하도록 돕습니다. 아이들이 어려움을 극복하고 목표를 달성하는 과정에서 성취감과 자신감을 느끼도록 돕는 것이죠. "싫은 것을 해낼 때 행복하다."라는 것을 아이들이 깨닫도록 하는 것이 저의 목표입니다.

그리고 저는 아이들에게 완벽한 결과를 강요하지 않습니다. 오히려 실패를 두려워하지 않고 끊임없이 도전하는 과정을 칭찬하고 격려합니다. 성공과 실패를 통해 배우고 성장하는 것이 진정한 배움이라는 것을 아이들이 깨닫도록 돕는 것이죠. 미래 사회는 끊임없는 변화와 새로운 도전으로 가득할 것입니다. 아이들이 스스로 배우고 성장하는 힘을 기르도록 돕는다면 어떤 어려움에도 굴하지 않고 자신만의 길을 개척해 나갈 수 있을 것입니다.

〈표 7-1〉 **학생 주도성을 기반으로 한 탐구 전략 개발**

<table>
<tr><td>필요성</td><td>깊이 있는 학습을 위해서는 학습 전략과 같은 비계를 제공하여 자신이 가진 지식을 쉽게 구조화할 수 있는 도구가 필요하다. 하지만 많은 양의 학습 전략을 일회성으로 실시한다면 학생들에게 혼란을 가중할 수 있으므로, 학습 전략을 통해 이해에 도달하는 것이 학급의 문화로 자리매김할 수 있도록 꼭 필요하다고 생각하는 전략을 정해 매일 꾸준하게 실시하였다.</td></tr>
<tr><td>방법
및
효과</td><td>1. AFFECT 감상 전략: 펠드먼의 4단계 감상법을 기반으로 질문 만들고 답하기와 제목 짓기 단계를 추가한 감상 전략 개발
♥깊이 있는 감상을 돕고 감상 관점 확장
<table>
<tr><th>종류</th><th>설명</th><th>예시</th></tr>
<tr><td>Ⓐim</td><td>무엇이 보이는가?</td><td>낡은 학용품들을 들고 있는 어린아이
무언가의 불만이 있어서 던진 토마토</td></tr>
<tr><td>Ⓕind method</td><td>표현 방법 추론하기</td><td>물감으로 배경과 바닥을 그린 뒤 글씨는 흰색 페인트를 사용한 것 같다.</td></tr>
<tr><td>Ⓕelings</td><td>느껴지는 조형원리</td><td>노란색 바탕에 붉은 토마토 자국이 보여서 '강조'가 느껴진다.</td></tr>
<tr><td>Ⓒollect responds</td><td>질문 묻고 답하기</td><td>무슨 불만을 표시하기 위에 토마토를 던졌을까?</td></tr>
<tr><td>Ⓣitle</td><td>제목 짓기</td><td>무시되는 흑인</td></tr>
</table>
⬇ AFFECT 감상지

</td></tr>
</table>

2. TOPIC 토의 전략: 구체적으로 논의 및 계획할 수 있는 디지털 협업 드로잉 툴(마그마) 기반 토의 루브릭 개발. 토의를 마친 후 협력 스케치를 통해 아이디어 초안을 시각화하고 이를 바탕으로 본격적인 표현활동을 하게 됨
♥표현 활동 전 루브릭을 통해 체계적, 구체적인 표현 구상이 가능함

종류	설명	예시
Ⓣopic	주제	바다의 아름다움
Ⓞbject	표현대상	거북이
Ⓟrocedure	표현방법	종이에 박스지를 덧댄 뒤 등을 조각내서 다양한 채색도구로 패턴표현
Ⓘntention	표현의도	피카소와 쿠사마 야요이가 조형요소로 아름다움을 드러낸 것을 표현
Ⓒombine	협력 스케치	마그마로 협력스케치

⬇TOPIC 토의판

⬇만다라트 질문보드

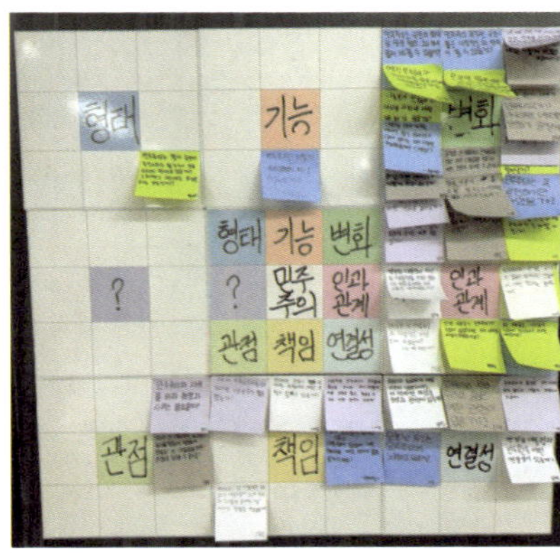

3. 만다라트 질문 보드: 탐구 도입 시 개념적 렌즈 기반 질문 생성
♥탐구의 시작점 역할, 탐구 주제를 다양한 관점으로 조망하여 탐구의 범위 설정
4. 질문 게시판: 탐구 주제별로 생성 가능한 질문 유형에 따라 질문을 만들고 답변할 수 있는 게시판
♥다양한 질문 전략으로 수집한 정보를 조직하여 개념적 이해를 구성하는 데 효과적임

⬇질문게시판

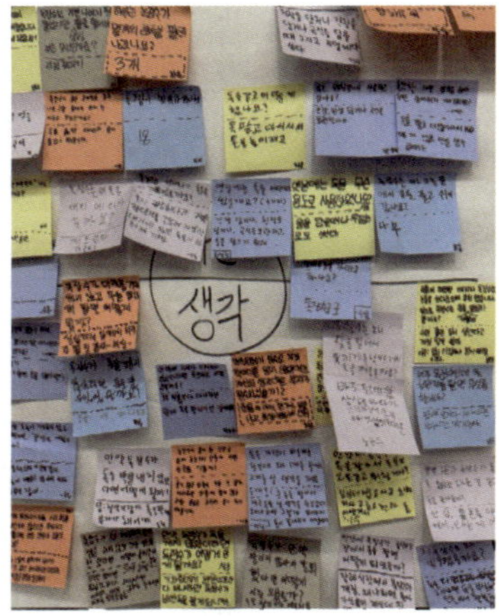

5. 질문 만들기 전략 개발: 생각을 확장하고 개념적인 이해를 돕기 위한 질문 전략 개발

♥다양한 관점 수집을 통한 기존의 생각의 변화 추구, 표면적으로 드러나지 않은 탐구 내용 및 개념적인 관계에 대해 생각하며 깊이 있는 탐구로 이끌어 냄

종류	설명	예시
사실 질문	내용 파악 여부 확인	임진왜란 당시 이순신 장군이 만든 배는 무엇인가요?
왜 질문	드러나지 않은 원인 파악	작가는 왜 머리카락 색은 유지하면서 피부색을 조금씩 다르게 그렸을까?
어떻게 질문	문제해결 방법 질문	독재를 무너뜨리고 민주주의를 평화적으로 이끌어 내기 위해서는 어떻게 하면 좋을까?
ABCD 질문	두 개념 사이의 관계 파악	고흐가 선을 거칠게 표현한 것은 그의 심리 상태와 어떤 관련이 있을까?
만약 인물 질문	특정 인물의 입장되기	만약 네가 1960년의 시민이라면 목숨을 잃는다 해도 4·19 혁명에 참여했을 것 같아?
만약 상황 질문	도래하지 않은 상황에 몰입하기	만약 신데렐라의 성격이 바뀐다면 이야기는 어떻게 달라질 것 같아?
개념적 렌즈 질문	개념적으로 사고하기	[관점] 작품을 바라보는 사람들의 생각이 다른 이유는 무엇일까?

6. 몇 시에 만나?: 토의할 친구들을 시계 위에 정렬시킨 뒤 정해진 약속에 따라 만나서 생각을 교환하는 전략
♥나와 친구의 생각을 주고받으며 기존 생각에 깊이를 더하며 개념의 변화 도출

⬇몇 시에 만나?

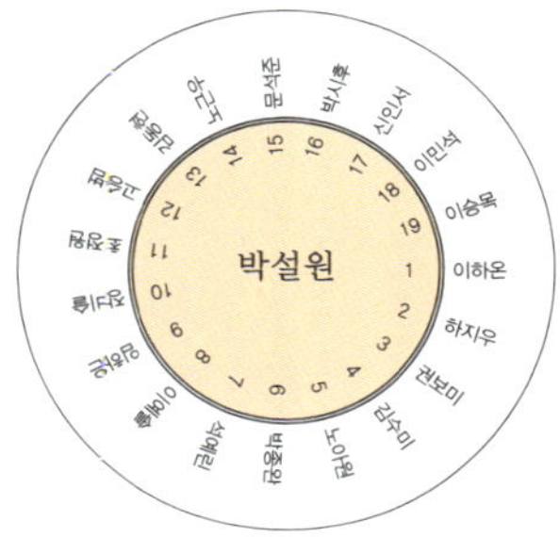

7. 5분 콘퍼런스: 개념적 이해를 위해 탐구한 자료를 공유 및 기록하여 일반화에 도움을 주는 발표 전략
♥수집자는 개념을 구성하는 재료인 사실적 지식을 수집할 수 있으며 발표자는 자신이 탐구한 내용을 언어로 표현하는 능력을 키움. 학생 한 명이 이 두 역할을 모두 수행함으로써 완전학습에 가까워질 수 있음

⬇5분 콘퍼런스

8. 색 연 필 나눔: 차시/단원 마무리 시 학습 내용 성찰 및 전이 계획 전략 개발
♥탐구 후 개념의 변화를 스스로 언어화함으로써 탐구에 대한 이해 내면화

이번 시간 내 머릿속에 채워질 색깔(학습 목표)	수업 전과 후 바뀐 나의 생각을 연결	꼭(필, 必) 해 보고 싶은 후속 탐구 계획

9. Q보드로 개념적 이해 구성하기: 질문 전략과 귀납적 탐구를 토대로 개념적 이해를 구성하는 토의판 제작
♥개인의 개념적 이해를 스스로 구성한 뒤 토의를 통한 모둠 및 학반 전체의 일반화 과정을 통해 기존의 개념적 이해를 확장할 수 있음

개념적 이해를 구성하기 위한 확장질문 생성	▶	친구들의 생각 수집	▶	친구의 생각 +나의 생각 =나의 개념적 이해 구성	▶	모둠 및 학급의 개념적 이해 구성 (일반화)

⬇Q보드

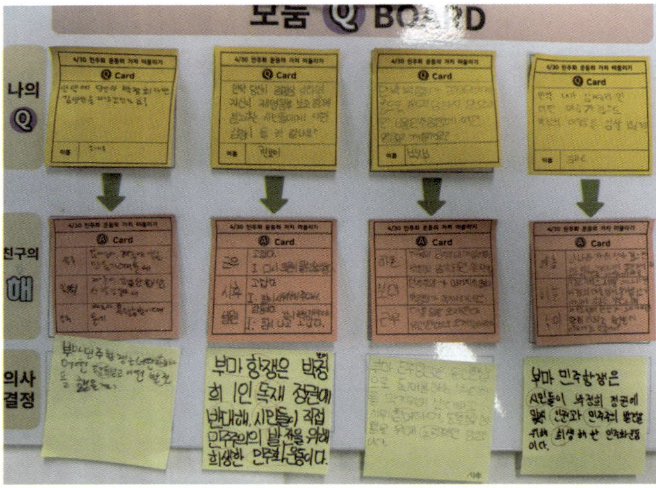

제8장

공동의 비전, 공동의 실천

1. 한 아이를 키우려면 온 학교가 함께 뛰어야 한다

멘티의 질문

Q IB PYP를 학교 전체 시스템으로 구축하는 방법에 대해서 궁금합니다.

IB의 가장 큰 장점은 일반 프로젝트 학습이나 개별 교실에서 열심히 연구하는 것과는 완전히 다르다는 점입니다. 제가 항상 강조하는 것은 IB는 단순한 탐구가 아니라 시스템이라는 것입니다. 학교 전체가 IB 체제로 운영되고 1학년부터 차근차근 만들어져 올라오면 고학년으로 갈수록 가르치는 입장에서 훨씬 수월해지고 학생들도 개념적 이해에 대해 체계적으로 배울 수 있습니다. 탑을 쌓듯이 아래에서부터 차근차근 쌓아 올리면 6학년쯤 되면 아이들이 어느 정도 스스로 할 줄 알게 되거든요. 탐구 문화 자체가 학교에 공유되어 있기 때문에 아이들이 쉽게 적응하는 거죠. 결국 체계적인 시스템은 학생들의 역량을 차근차근 쌓아 올리도록 돕습니다.

IB 시스템의 강점은 개별 교사의 역량에 의존하는 것이 아니라 학교 전체의 교육 철학과 시스템이 유기적으로 연결되어 있다는 점이라고 생각합니다. 1학년부터 6학년까지 일관된 교육 목표와 과정을 통해 학생들의 역량을 체계적으로 개발하는 IB 시스템은 학생들이 학년이 올라갈수록 더욱 능동적이고 주도적인 학습자로 성장할 수 있도록 돕습니다. 4학년 담임을 했을 때도 1, 2, 3학년 선생님들께 정말 감사했어요. 아이들이 개념적 이해에 대해 탐구 능력이 잘 길러진 상태로 진급했거든요. 오케스트라에서 모든 악기가 조화를 이루어 아름다운 음악을 만들어 내듯, IB의 이상을 실현시키기 위해서는 학교 전체의 시스템이 유기적으로 연결되어야 합니다.

어린 나이에서부터 시작되는 기본 소양 교육은 학생들의 잠재력을 최대한으로 발휘할 수 있도록 돕는 튼튼한 토대가 됩니다. 기본 소양은 학생들이 탐구를 비롯한 다양한 학습 활동에서 성공을 거둘 수 있도록 돕는 핵심 역량입니다.

저학년에서부터 체계적으로 학습해 온 6학년은 개념적 이해에 대해 어느 정도 깊이 있는 이해를 하게 됩니다. 어떤 탐구를 했을 때 일반화된 문장을 만들 수 있다는 이해도 자체가 저학년과는 완전히 다른 거죠. IB는 개념 기반 탐구를 근간으로 실행되기 때문에 개념에 대한 이해가 중요한데, 고학년 아이들은 저학년 아이들보다 탐구학습에 대한 경험도 많고 학습 수준이 깊기 때문에 개념에 대해 더 깊이 이해하고 더 잘 적용하는 것 같아요. 역시 고학년 학생은 개념적 이해에 대한 몰입도 자체가 저학년과는 다르다는 것을 느꼈습니다.

또한 6학년을 가르치면서 4학년 때와 엄청 큰 차이가 있다고 느꼈던 점은, 아이들이 좀 더 전문적으로 탐구하고자 하는 교사의 시선에 맞춰서 탐구를 할 수 있게 되었다는 것입니다. 물론 6학년이 되면 능력적인 측면, 기능적인 측면이 많이 늘어나기도 하지만 인지적인 발달이 굉장히 크다는 것을 실감했습니다. IB 학교에서 단계를 밟으며 학년이 올라갈수록 아이들의 역량 또한 탄탄하게 성장하는 것을 확인할 수 있습니다.

2. IB 교육에 대한 이해를 높이는 학부모 소통법

멘티의 질문

Q IB 교육은 기존의 주입식 교육과는 다른 철학과 방식을 가지고 있기 때문에 학부모님들이 생소하게 느끼실 수 있습니다. IB 교육에 대한 학부모님의 이해를 높이고 신뢰를 구축하기 위한 효과적인 소통 방법은 무엇일까요?

IB 교육의 성공적인 정착을 위해서는 학교와 가정의 긴밀한 협력이 필수적입니다. 학부모님과의 진심 어린 소통을 통해 IB 교육에 대한 이해를 높이고 함께 아이들의 성장을 지원하는 것이 중요합니다. 즉, 가장 중요한 것은 진정성을 가지고 소통하는 것입니다. 일방적인 설명보다는 학부모님의 질문에 성심껏 답변하고 우려하는 부분에 대해 충분히 공감하는 자세가 필요합니다. 학부모 설명회, 공개 수업, 학급 소식지, 상담 등 다양한 소통 채널을 활용하여 IB 교육의 목표, 가치, 방법 등을 꾸준히 전달해야 합니다.

특히 아이들의 성장 사례를 구체적으로 제시하고 가정에서도 IB 교육과 연계된 활동을 할 수 있도록 안내하는 것이 효과적입니다. 학부모님과의 신뢰를 구축하고 함께 아이들의 성장을 지원하는 파트너십을 형성하는 것이 중요합니다. 마음이 맞는 사람들과 함께 꿈을 꾸고 미래를 향해 나아가는 것이야말로 진정으로 행복한 교육을 실천하는 비결이라고 믿습니다.

IB 교육의 성공은 마치 튼튼한 다리와 같습니다. 학교라는 기둥과 가정이라는 기둥이 서로 견고하게 연결되어 아이들의 성장이라는 소중한 꿈을 안전하게 지탱해야 합니다. 저는 학부모님과의 진심 어린 소통을 통해 IB 교육에 대한 이해를 높이고 함께 아이들의 성장을 지원하는 것이 무엇보다 중요하다고 믿습니다.

멘티의 질문

Q IB 교육에 대한 학부모님의 이해를 높이고 신뢰를 구축하기 위한 효과적인 소통 방법은 무엇일까요?

진정성이야말로 가장 강력한 동기 요인입니다. 꾸며진 모습이나 화려한 언변보다는 진심을 담아 학부모님들과 소통하려고 노력하는 것은 어떨까요? 아이들의 성장에 대한 진심 어린 마음은 그 어떤 미사여구보다 강력한 힘을 지니고 있습니다. '진심은 언제나 통한다.'는 믿음을 굳게 잡고 학부모님들과 마음으로 소통하십시오. 진심은 모든 사람에게 전달될 수 있습니다.

학부모와의 신뢰를 구축할 때 가장 중요한 것은 바로 학생들의 학업 상황 공유입니다. 전체 메시지로도, 개인 메시지로도 간단하게나마 학생들의 성장 상황을 공유하고자 늘 노력하고 있습니다. 전체 메시지의 경우 한 달에 한 번꼴로 보내는데, 학교에서도 신경 써서 지도하고 있는 생활 지도 내용을 가정에도 공유하며 현재 학년 아이들의 특징과 이에 따라 필요한 가정 교육의 방향도 안내하고 있습니다. 개별 메시지의 경우 특이 사항은 그날 바로 공유하는 것을 원칙으로 합니다. 또한 제가 개인적으로 중요하게 여기는 것은, 모든 아이의 수준과 폭은 다르지만 저마다 긍정적인 발전을 매일 학교에서 하고 있다는 것을 가정에 공유하는 것입니다. 작은 것이라도 잘 해낸 것이 있다면 학부모님께 전달하며 가정에서도 칭찬하기를 원한다는 메시지를 자주 담으려 노력합니다. 그 칭찬이 학생에게 전달되면서 학생은 학생 나름대로 선생님이 나의 긍정적인 모습을 부모님께 전달하려고 노력하신다는 것을 알게 되고, 학부모님은 자녀들의 성장을 응원하는 교사의 모습을 보며 교육활동에 지지와 응원을 보내 줍니다.

저는 이러한 믿음을 바탕으로 아이들의 잠재력을 믿고 격려하며 학부모님들과 함께 꿈을 꾸고, 함께 만들어 가는 행복한 교육을 실천할 것입니다.

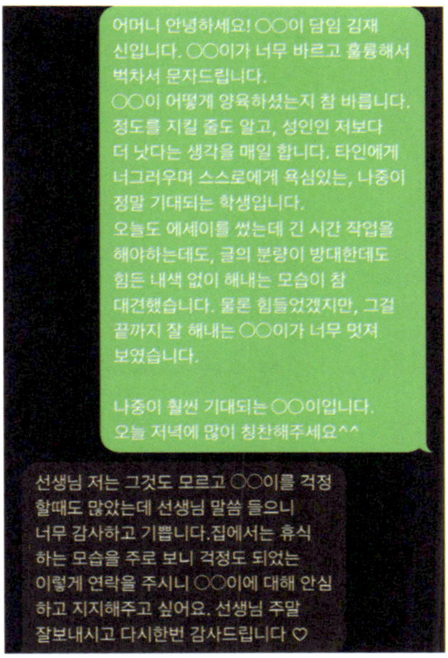

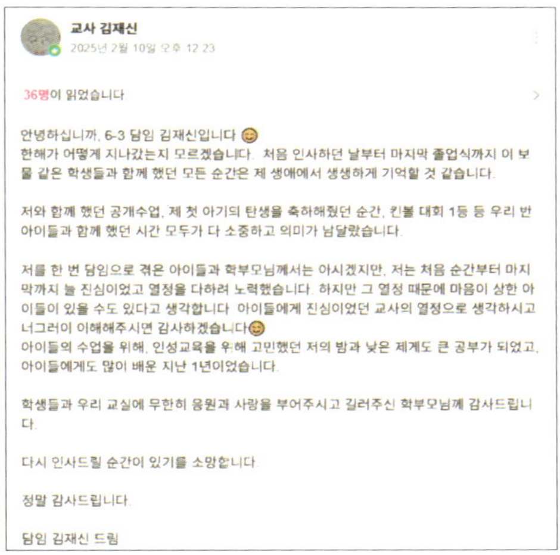

[그림 8-1] 부모님과의 소통 사례

3. 학교와 가정의 협력 시스템: 시너지 효과

멘티의 질문

Q IB 교육에 대한 이해는 어느 정도 되었지만, 막상 집에서 아이와 함께 무엇을 해야 할지 막막하게 느끼는 학부모가 대부분입니다. 어떻게 지원하시나요?

핵심은 학교와 가정이 하나가 되어 아이들의 성장을 지원하는 파트너십을 구축하는 것입니다. 학부모님들을 수업에 초대하여 함께 탐구 활동에 참여하도록 돕거나 가정에서 아이들의 탐구 활동을 격려하고 지지하는 역할을 부여하는 것도 좋은 방법입니다.

학부모님들의 적극적인 참여를 환영하십시오. 학부모님들께 학교 교육 활동에 참여할 수 있는 다양한 기회를 제공하고 가정에서 아이들의 학습을 지원할 수 있는 구체적인 방법을 안내해야 합니다. 가정은 아이들의 무한한 상상력과 호기심이 마음껏 펼쳐지는 또 하나의 소중한 배움터입니다. 학부모님께 학교에서 배운 내용을 바탕으로 가정에서도 쉽게 IB 교육과 연계된 탐구 활동을 지원할 수 있는 구체적인 가이드를 제공하여 아이들의 자기 주도 학습 능력을 향상시키는 것이 완전 학습을 향한 지름길입니다.

가정에서 쉽게 실천할 수 있는 탐구 활동 지원 가이드를 제공하기 위해서는 구체적인 예시와 함께 실천 가능한 방법을 제시해야 합니다. 예를 들어, 함께 책 읽고 이야기 나누기, 요리하기, 산책하며 자연 관찰하기, 박물관이나 전시회 방문하기 등 일상생활 속에서 쉽게 할 수 있는 활동들을 소개할 수 있습니다. 또한 아이들의 질문에 함께 답을 찾아보거나 탐구 주제와 관련된 자료를 제공하고 탐구 활동을 위한 환경을 조

[그림 8-2] 학생들의 배움 콘퍼런스에 참여한 부모님들

[그림 8-3] 학교 공개수업

성하는 방법 등을 안내할 수 있습니다.

학교 공개수업 및 학생들의 배움 콘퍼런스에 참관을 요청하는 것은 물론 교내 행사 및 봉사활동에 도우미로서도 많은 지원을 요청하고 있습니다. 특히 6학년 탐구 전시회를 진행할 때에는 학생들의 탐구 주제를 지속 가능한 발전 목표(Sustainable Development Goals: SDGs) 중 하나를 골라 학부모님에게 공유하는데, 학부모님들이 관심이 있거나 전문 분야인 주제라면 멘토의 역할도 수행해 주시기를 부탁하고 있습니다. 예를 들어, 인권 단체에서 근무 또는 상담의 경력이 있는 학부모님은 불평등 해소라는 주제에 멘토 지원을 하여 학생들의 탐구에 필요한 자원과 지식을 공유해 주실 수 있습니다.

학부모님들과 소통하기 위해 온라인 커뮤니티를 적극 활용하십시오. 저는 온라인 플랫폼을 활용하여 수업 내용을 공유하고 질문에 답변하며 서로의 경험을 나누는 공간을 만들어 소통을 활성화하고 있습니다. 학부모님들이 자유롭게 의견을 교환하고 서로 지지하며 응원하는 따뜻한 공동체를 만들어 가는 것이죠.

또한 학생들의 탐구 결과물을 밴드와 같은 커뮤니티에 게재한다면 교육활동의 신뢰를 높일 수 있고, 학습 진행 상황 및 태도 상담의 근거로서도 활용이 가능합니다.

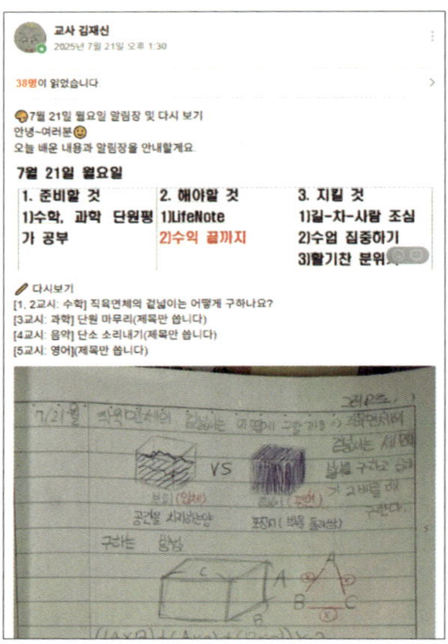

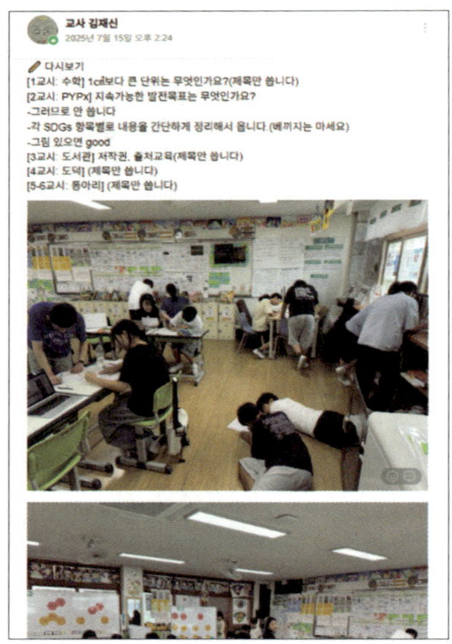

[그림 8-4] 온라인 커뮤니티 활용 사례

멘티의 질문

Q 학교와 가정이 함께 협력하여 완전 학습을 실현하는 것은 이상적이지만 현실적으로 쉽지 않습니다. 학부모님의 참여를 유도하고 효과적인 협력 시스템을 구축하기 위한 구체적인 전략은 무엇일까요?

완전 학습은 모든 아이가 학습 목표를 달성하도록 돕는 것을 의미합니다. 학교와 가정이 함께 협력하여 아이들의 학습을 지원하는 시스템을 구축하면 시너지 효과를 창출하고 완전 학습을 실현할 수 있습니다. 완전 학습은 마치 하나의 목표를 향해 모두가 함께 노를 젓는 조정 경기와 같습니다. 그 어떤 아이도 뒤처지지 않고, 지식이라는 결승선을 함께 통과하도록 돕는 것이 우리 교사들의 임무입니다.

학부모님의 참여를 유도하기 위해서는 학교와 가정이 함께 목표를 설정하고 역할을 분담하는 것이 중요합니다. 학부모님께 학교 교육 활동에 참여할 수 있는 기회를 제공하고, 가정에서 아이들의 학습을 지원할 수 있는 방법을 안내해야 합니다. 예를 들어, 학부모 도우미 활동, 학습 멘토링, 독서 지도, 숙제 점검 등 다양한 역할을 부여할 수 있습니다. 또한 학교와 가정 간의 소통을 강화하기 위해 온라인 커뮤니티를 운영하거나 정기적인 간담회를 개최하는 것도 효과적인 방법입니다. 중요한 것은 학교와 가정이 서로 신뢰하고 존중하며 함께 아이들의 성장을 지원하는 파트너십을 구축하는 것입니다.

학교와 가정은 두 개의 엔진을 가진 비행기와 같습니다. 아이의 성장이라는 목표를 향해 함께 날아오르기 위해서는, 학교와 가정이 하나의 마음으로 힘을 합쳐야 합니다. 아이의 강점이라는 날개를 활짝 펼치고, 숨겨진 잠재력이라는 엔진을 최대한으로 가동할 수 있도록 서로 협력하며 지원해야 합니다. 저는 아이가 어떤 직업을 갖든, 어떤 힘든 상황에 놓이더라도 책임감을 가지고 자기 몫을 해내는 사람으로 성장하기를 최우선 목표로 합니다.

특히 부모님과의 조화로운 파트너십을 구축하기 위해서는 다음의 노력을 해야 합니다.

- 교육관 차이에 대한 이해와 존중: 서로의 교육 철학을 이해하고, 아이의 성장을 위한 최적의 균형점을 찾도록 노력합니다.
- 객관적인 정보 공유 및 협력적 의사 결정: 아이의 강점과 약점을 파악하고 잠재력을 최대한 발휘할 수 있도록 학교와 가정이 객관적인 정보를 공유하며 협력적인 의사 결정을 해야 합니다.
- 현실적인 기대 수준 설정: 학부모님의 기대 수준을 현실적으로 조정하고, 아이의 행복과 성장을 최우선으로 고려하는 공동 목표를 설정하는 것이 중요합니다.
- 지속적인 소통과 공감대 형성: 정기적인 상담을 통해 아이의 성장 과정을 공유하고, 필요한 지원을 제공하며, 서로의 의견을 조율하는 노력이 필요합니다.

가장 중요한 실천은 바로 소통을 포기하지 않는 것입니다. 진심을 담아 꾸준히 소통하면 언젠가는 마음이 전달될 것입니다.

아이들이 주인공이 되는 IB 교육

제4부

실천으로 말하는 IB: IB가 열어 준 삶의 방향들

제9장

실천의 기록, 변화의 목소리

1. PYP 멘티들이 말하는 IB

1) 이경은(충북 증평초등학교 IB 부장교사)

23년 차 평범한 초등교사였던 저는 김재신 선생님과의 인연을 통해 교육 인생의 나침반을 새로 맞추었습니다. 과거에는 탐구란 특별한 무대에서만 가능한 일이라 여겼지만, 팔레트쌤의 수업을 지켜보며 탐구는 특별한 환경이 아니라 보통의 아이들 모두가 세상과 만나는 창이 되어야 한다는 사실을 깨달았습니다.

팔레트쌤은 매일 같이 평범한 교실에서 보통의 아이들의 작은 호기심, 조그만 질문 하나하나에 진심을 다했습니다. 모든 학생이 스스로의 목소리로 세상에 "왜?"라고 물을 수 있게 돕는 참교사의 모습. 저는 그런 현장을 따라 걸으며 "나는 교실의 모든 학생을 지원하기 위해 지금 무엇을 할 수 있는가?"라는 묵직한 질문의 씨앗을 심었습니다.

이 질문은 쉽지 않습니다. 교실엔 빠른 아이도, 더딘 아이도, 소극적인 아이도, 독특한 호기심을 가진 아이들도 있습니다. 개별화라는 말이 벅찬 과제로 다가올 수 있지만, 팔레트쌤은 포기하지 않았습니다. 아이마다 다가가는 방법을 달리하고, 누구도 소외되지 않는 시간을 설계합니다. 꾸준한 관찰, 반복적인 질문, 각자의 속도를 인정하며 그 여정에 곁을 내어 줍니다. 이 모든 '개별화 교육'의 바탕에는 인간에 대한 깊은 믿음과 애정 그리고 포용성이 깔려 있습니다.

팔레트쌤의 수업은 단순히 지식 전달에 머무르지 않고 "왜 그럴까?" "만일 네가 다르게 생각한다면?"과 같은 질문으로 어떤 환경에서도 아이들의 호기심을 자극하고 탐구의 세계로 이끌어 갑니다. 그 모습 속에서, 저는 IB 학교만의 유행이 아니라 미래 교육의 보편적 방향임을 절감합니다. 실제로 OECD는 2023년 발표한 『OECD Learning Compass 2030』에서 "모든 학생이 개별적 잠재력을 실현하며, 자기주도적 학습 역량(agency), 지식, 기술, 태도, 가치를 고르게 길러야 한다."라고 강조했습니다. Compass는 교육이 '지식의 암기'를 넘어, 학생 개인의 정체성과 포용적 공동체 의식까지 조화롭게 길러 주는 것을 미래 교육의 핵심 가치라 명시했습니다.

즉, 팔레트쌤 같은 교육자의 탐구 수업, 개별 성장을 강조하는 질문 기반 수업은 국제학교뿐 아니라 전 세계 어느 교실이 추구해야 할 본질임을 이론적으로도 뒷받침합니다. 저 또한 제 아이들의 변화를 직접 목격했습니다. 호기심이 부족하다 믿었던 아이가 끊임없이 탐구 주제에 대한 자신의 질문을 쏟아 내고, 늘 소심했던 친구는 팀 프로젝트에서 리더를 자처했습니다. 이 모든 변화는 "너의 이야기를 듣고 싶어."라는 작은 질문, "실패해도 괜찮아."라는 포용에서 시작됐습니다.

교육은 수업으로 말하고, 수업은 대화로 완성된다

김재신 선생님은 철저한 근거 기반 설계를 통해 수업의 효과를 극대화해야 한다고 강조합니다. 언뜻 '계획'이라는 단어는 획일적인 수업을 연상시키지만, 실상은 학생들의 잠재력을 최대한 발휘할 수 있도록 돕는 튼튼한 기반이 되어 줍니다.

최근 연구 동향에서도 수업 설계 모형의 중요성은 끊임없이 강조되고 있습니다. 하지만 ADDIE, ARCS와 같은 체계적인 모델은 현실적인 제약으로 인해 제대로 적용되지 못하는 경우가 많습니다. 이는 교사들이 이론과 실제 사이의 괴리를 느끼기 때문이며, 실질적으로 활용 가능한 수업 설계 모형에 대한 갈증을 의미합니다.

교육은 단순히 지식을 전달하는 행위를 넘어, 교사와 학생 간의 진솔한 대화를 통해 서로의 생각을 공유하고 함께 성장하는 과정입니다. 김재신 선생님과의 성찰대화를 기록한 이번 책은 개념 기반 교육 철학을 바탕으로 살아 있는 교실 맥락과 학생들의 심리적 교류를 어떻게 이해하고, 이를 통해 실질적인 변화를 이끌어 내는 수업을 설계할 수 있는지에 대한 생생한 기록입니다. 이번 김재신 선생님과의 대화를 통해 교사들에게 수업을 설계하는 힘을 길러 주는 귀중한 지침서를 발견하였습니다.

교사는 학생을 한 사람의 가능성으로 바라보고, 누구라도 '질문'이라는 원초적 힘을 통해 자기 성장을 경험하도록 돕습니다. 아이들의 이야기, 생각, 한 걸음 한 걸음을 제대로 들어주는 교사야말로 가장 인간적인 스승임을 확신하게 되었습니다.

우리는 교육을 수업이라는 틀 안에서 정의하곤 합니다. 하지만 진정으로 가치 있는 교육은 교사와 학생 간의 끊임없는 대화 속에서 완성됩니다. 수업은 마치 정원과 같습니다. 교사는 정원사로서 학생이라는 씨앗을 심고 가꾸지만, 씨앗이 뿌려진 토양과 같은 맥락을 간과한다면 건강하고 풍성한 결실을 기대할 수 없습니다. 마찬가지로 수업의 표면적인 기술과 방법론에만 집중한 채 학생들의 심리적 상태, 교실의 분위기를 고려하지 않는다면 진정한 교육은 이루어질 수 없습니다.

개별 완전 학습: 특수교육의 딜레마를 넘어선 통찰

김재신 선생님과의 대화는 제게 '개별 완전 학습'이라는 통찰을 선사했습니다. 선생님은 발달이 느린 학생들에게 필요한 것은 기준을 낮추는 것이 아니라, 오히려 더 많은 시간과 노력을 투자하여 완전한 이해를 돕는 것이라고 강조하였습니다. 또래 학생들이 10번 반복하여 학습하는 내용을, 이러한 학생들은 100번 반복해야 비로소 자신의 것으로 만들 수 있다는 것입니다. 1/10로 줄이는 것이 아니라, 10배를 더 쏟아붓는 헌신적인 노력이 진정한 '개별 맞춤'이라는 가르침은 제 교육 철학의 근본을 흔드는 깨달음이었습니다.

IB 교육을 시작하면서 특수교사들은 종종 혼란을 겪습니다. "일반 지식도 어려워하는 아이들에게 어떻게 탐구 기반의 개념 학습을 제공할 수 있을까?" 저 또한 명쾌한 답을 찾지 못했습니다. 하지만 김재신 선생님의 개별 완전 학습 접근법은 이 고민을 해결해 줄 든든한 버팀목이 되어 주었습니다. 교사로서 저는 발달이 느린 아이들에게 '개별화 맞춤형 수업'이라는 명목으로 학습 기준을 낮추는 것이 과연 옳은 일일까 하는 딜레마에 갇혀 있었습니다. 마치 아이에게 맞지 않는 옷을 억지로 입히는 듯한 불편함이 있었습니다.

아이의 속도와 능력에 맞춰 학습량을 줄이는 대신, 아이가 온전히 이해하고 자신의 것으로 만들 때까지 10배, 100배의 시간과 노력을 투자하는 것. 이 철학은 장애 학생들에게도 깊이 있는 개념 학습과 탐구의 기회를 제공하며, 그들의 숨겨진 잠재력을 최대한 끌어낼 수 있는 길을 열어 주었습니다. 단순 반복을 넘어, 학생 한 명 한 명에게 진정한 학습의 성취감을 선물하는 개별 완전 학습은, 특수교육의 새로운 가능성을 제시하는 희망의 빛입니다.

김재신 선생님의 이야기처럼 "완전 학습은 탐구에서 시작하여, 탐구로 완성"됩니다. 아이들이 스스로 질문하고 답을 찾아가는 탐구의 여정 속에서, 개별 완전 학습은 그들의 가능성을 활짝 꽃피우는 든든한 토대가 되어 줄 것입니다.

수업, 프레임워크로 엮어 낸 지도의 예술

김재신 선생님은 깊이 있는 대화에서 근거 기반 설계를 통해 수업의 효과를 극대화해야 한다고 강조하였습니다. 언뜻 '계획'이라는 단어는 획일적인 수업을 연상시키지만, 실상은 학생들의 잠재력을 최대한 발휘할 수 있도록 돕는 튼튼한 기반이 되어 줍니다.

우리는 교육이라는 숲에서 길을 잃은 채, 눈앞에 보이는 현상에만 집중하는 경향이 있습니다. 김재신 선생님과의 성찰대화를 통해 바로 그 숲의 뿌리를 보여 주는 심층적인 안내서라는 것을 알게 되었습니다. 김재신 선생님의 수업성찰은 '깊이 있는 수업을 위한 탐구–실행–성찰 과정 수업으로 개별 완전 학습 프레임워크'라는 핵심 철학을 확장하여, 수업의 본질에 대한 심오한 탐구를 제시하였습니다.

김재신 선생님은 단순한 기술이나 방법론을 넘어, 개념 기반 교육이라는 핵심 아이디어를 중심으로 단원을 설계하고, 탐구 과정, 수업 방법, 평가의 유기적인 연계성을 강조합니다. 또한 교사와 학생의 끊임없는 질문을 촉진하는 체계적인 구조를 제시하여, 교실에서 일어나는 모든 상호작용이 우연이 아닌, 철저히 계획된 교육 문화 속에서 이루어지도록 안내합니다. 김재신 선생님과의 수업 대화록은 단순한 지침서를 넘어, 교사 스스로가 수업의 본질을 깊이 성찰하고, 자신만의 장기적인 교육 로드맵을 창조적으로 설계하도록 돕는 소중한 이정표입니다.

최근 연구 동향에서도 '수업 설계 모형'의 중요성은 끊임없이 강조되고 있습니다. 하지만 ADDIE, ARCS와 같은 체계적인 모델은 현실적인 제약으로 인해 제대로 적용되지 못하는 경우가 많습니다. 이는 교사들이 이론과 실제 사이의 괴리를 느끼기 때문이며, 실질적으로 활용 가능한 수업 설계 모형에 대한 갈증을 의미합니다.

김재신 선생님과의 성찰대화를 통해 이 대화가 단순히 수업 기술을 배우는 것을 넘어, 교육이라는 숲을 거닐며 길을 잃지 않도록 돕는 수업 지도를 손에 쥐어 주는 여정임을 깨달았습니다. 김재신 선생님의 프레임워크를 통해 독자들은 자신만의 교육 철학을 확립하고, 어떠한 상황에서도 흔들리지 않는 교육의 '나침반'을 갖게 될 것입니다.

우리는 흔히 숙련된 수업 전문가의 진가를 화려한 기술과 번뜩이는 아이디어에서 찾으려 합니다. 하지만 김재신 선생님과의 수업 대화록은 이러한 피상적인 접근을 단호히 거부합니다. 이 책의 진정한 가치는 단순히 눈에 보이는 수업 기술을 모방하는 데 있는 것이 아니라, 수업이라는 현상 뒤에 숨겨진 깊은 뿌리와 밭을 이해하고, 그것을 비옥하게 일궈 낸 선생님의 장기적인 프레임워크를 거시적인 관점에서 배우는 데 있습니다.

이제 나는 다시 묻습니다.

"교실의 모든 학생을 지원하기 위해, 나는 그 한 사람 한 사람을 얼마나 존중하고 있는가?"

탐구와 질문이 일상이 되는 교실, 모든 다양성을 감싸는 교실이야말로 가장 인간적인 교육, 내가 평생 바라는 교육의 완성형입니다. 팔레트쌤의 헌신, 수많은 동료 교육자의 도전, 그리고 '포용과 신뢰'로 아이 한 명을 세상과 연결하는 무수한 교사의 이야기들이 더 많은 학교와 사회를 변화시키길 간절히 희망합니다.

2) 정정미(IB 유아교육 PYP 교사)

김재신 선생님 수업의 참관, 강의 그리고 성찰 대화들은 제게 교육은 겉모습이 아닌, 교사의 내면에서 시작된다는 강한 메시지를 남겼습니다. IB는 단순한 프로그램이 아닌 철학이며, 삶의 방식이라는 사실을 다시 깨달았습니다. 그 중심에 선 교사 한 명이, 어떻게 아이들의 삶을 바꾸고 세상을 비출 수 있는지를 두 눈으로 확인했습니다.

교실에 들어선 순간, 탐구의 세계로

김재신 선생님의 교실 문을 열고 들어선 순간, 저는 벅찬 전율을 느꼈습니다. 그곳은 단순한 교실이 아니라, '빛'이라는 주제를 진지하게 탐구하며 깊이 몰입한 아이들의 긍정적인 에너지로 가득 찬 살아 있는 공간이었습니다. 아이들의 탐구 흔적이 고스란히 녹아 있는 교실 환경은, 억지로 꾸며 낸 것이 아닌 진정한 배움의 결과물임을 보여 주는 듯했습니다. "와, 이 아이들은 정말 진짜 배움을 살고 있구나." 저도 모르게 감탄사가 터져 나왔고, 그 감탄은 제 안에서 오랫동안 잠자고 있던 교육에 대한 열정을 다시 깨우는 신호탄이었습니다.

그 안에 고스란히 녹아든 아이 한 명 한 명의 탐구 흔적과 성장의 결이 피부로 와 닿았습니다. 이 감탄은 단순히 아름다운 교실 풍경에 대한 감탄이 아니라, 아이들의 빛나는 눈빛과 진지한 태도에서 느껴지는 진정한 배움에 대한 존경심에서 비롯된 것이었습니다.

보이지 않는 노력의 가치, 교사의 성장을 이끌다

하지만 더 큰 울림은 김재신 선생님의 이야기를 듣고 난 후였습니다. 눈앞에 보이는 탐구의 결과물이 전부가 아니었습니다. 그 결과를 이끌어 내기 위해, 김재신 선생님은 매일매일 기초부터 쌓아 올린 루틴과 약속, 기다림과 밀어 줌, 끊임없는 질문과 응원을 실천해 오고 계셨습니다. 하루 1분 1초도 허투루 쓰지 않으려는 그 열정, 각기 다른 아이들의 수준을 결코 포기하지 않고 끝까지 끌어올리려는 끈기와 사랑, 그 모든 것들이 진짜 수업의 본질이자 IB 교육의 깊은 철학이라는 것을 온몸으로 느끼게 되었습니다. 저는 그동안 화려한 수업 기술에만 집중했던 제 자신을 반성하며, 교육은 끊임없는 노력과 헌신 그리고 아이들에 대한 진정한 사랑에서 비롯된다는 것을 깨달았습니다. 김재신 선생님의 땀과 노력이 만들어 낸 결과는 제게 깊은 감동과 함께, 교육자로서의 책임감을 다시 한번 일깨워 주었습니다.

나를 돌아보게 한 시간: 교육자로서의 소명

김재신 선생님의 수업참관은 단지 잘 짜인 수업을 보는 시간이 아니었습니다. 한 교사의 교육 철학과 존재가 아이들의 삶에 어떤 변화를 줄 수 있는지를 절절히 느끼는 시간이었습니다. "아이의 인생은 김재신 선생님을 만났느냐, 만나지 못했느냐로 나뉜다." 이 문장이 결코 과장처럼 들리지 않았습니다. 빛을 주제로 한 탐구였지만, 그보다 더 밝게 빛나고 있었던 건 바로 그 교사의 교육에 대한 소명감과 실천이었습니다. 저 역시 겉모습에 치중하던 저의 수업을 되돌아보며, '나도 다시 교사가 되고 싶다.'라는 마음으로 깊은 반성과 다짐을 하게 되었습니다. 김재신 선생님의 수업을 통해, 잃어버렸던 교육자로서의 소명을 다시 발견하고, 아이들의 삶에 긍정적인 영향을 미치는 교사가 되겠다고 다짐했습니다.

작은 습관이 만드는 기적: 꾸준함이 성장의 원동력

김재신 선생님의 교육활동 중에서도 가장 인상 깊었던 루틴은 매일 다른 주제로 진행되는 세 줄 쓰기 활동이었습니다. 학습의 결과가 아닌 학습을 대하는 태도를 기르기 위한 이 작은 습관이, 아이들에게 성실함과 끈기, 자기 성찰의 힘을 키워 주고 있었습니다. 아쉽게도 유치원 어린아이들에게는 수준이 높아 글쓰기가 지나치게 어렵다는 점을 고려하여, '번뜩이는 한 문장으로 능숙하게 말하기'와 같은 긍정적인 루틴으로 창의적으로 응용해 보고 싶다는 기발한 생각이 떠올랐습니다.

신나는 놀이 속에서 긍정적이고 자연스럽게 자신의 생각을 논리적으로 말하고 똑 부러지게 정리하는 습관을 매일 끈기 있게 반복한다면, 조리 있게 말하는 놀라운 힘이 자라나고 결국에는 깊이 있게 생각하는 긍정적인 힘으로 이어질 것이라고 확신합니다. 이 루틴을 통해, 저는 작고 사소한 습관이 아이들의 삶에 얼마나 혁신적인 큰 변화를 가져올 수 있는지 깨달았습니다. 그리고 꾸준함이야말로 아이들의 눈부신 성장을 이끌어 내는 가장 강력한 힘이라는 것을 다시 한번 확인했습니다.

앞으로의 실천 다짐: IB 교사로서 성장 로드맵

- 매일 루틴 만들기: 아이들과 함께하는 정감 넘치는 '한 문장으로 훌륭하게 말하기' 또는 '오늘 하루 벅차게 느낀 점 긍정적으로 이야기하기' 활동을 매일 실천하겠습니다.
- 빛나는 탐구 흔적 꼼꼼히 남기기: 얄팍한 결과물 중심이 아닌, 탐구 과정에서 나온 순수한 아이의 빛나는 질문, 가치 있는 생각, 변화의 순간을 꼼꼼히 기록하고 전시하겠습니다.
- 관계 중심 수업 설계: 피상적인 개념 중심보다 먼저 아이들과 신뢰를 돈독하게 쌓고 루틴을 꾸준히 잡는 시간에 집중하겠습니다.

- 교사로서의 빛나는 존재 점검: 저 자신이야말로 아이에게 어떤 긍정적인 존재인지, 그리고 저의 진심 어린 한 마디가 어떤 빛나는 영향을 미치는지 끊임없이 성찰하겠습니다.
- 끈기와 인내 훈련하기: 아이에게만 억지로 끈기를 요구하지 않기 위해, 저부터 1분 1초를 헛되이 쓰지 않는 교사가 되겠습니다.

3) 정은미(IB 유아교육 PYP 교사)

멈춰 섰던 심장이 다시 뛰다

김재신 선생님의 팔레트교실 문을 열던 순간, 저는 온몸에 전율이 흘렀습니다. 아이들의 눈은 호기심으로 반짝였고, 교실은 생동감 넘치는 에너지로 가득 차 있었습니다. 아이들 한 명 한 명이 끊임없이 질문하고 탐구하며, 자신의 생각을 거침없이 표현하는 모습은 마치 살아 있는 유기체처럼 역동적이었습니다. 하지만 동시에 불안감도 엄습해 왔습니다. '6학년이니까 가능한 거야…….' 'IB 학교 학생이니까 저렇게 잘하는 거지…….' '우리 아이들은 절대 저렇게 못할 텐데…….'

하지만 저의 오만함은 오래가지 못했습니다. 특히 김재신 선생님의 수업 노트를 직접 확인하는 순간, 저는 깊은 부끄러움을 느꼈습니다. 선생님은 매일 어떤 발문을 던질지, 수업의 흐름을 어떻게 이끌어 갈지 꼼꼼하게 기록하며, 마치 한 편의 예술 작품을 창조하듯 수업을 설계하고 계셨습니다. 그 모습은 교사로서의 진정성과 성실함을 넘어선 헌신처럼 느껴졌습니다. 저는 그동안 무엇을 믿고 그토록 자신만만했을까요? 탄탄한 준비 없이, 열정만으로 교실에 섰던 제 모습이 떠올라 얼굴이 화끈거렸습니다. 돌이켜보면 저는 IB 교육의 겉모습만 좇았을 뿐, 그 깊은 철학을 제대로 이해하지 못했던 것입니다.

평범함의 기적, 교육의 본질을 깨닫다

김재신 선생님의 수업은 화려하거나 현혹하는 특별한 기법으로 가득 차 있지 않았습니다. 오히려 그 누구라도 마음만 먹으면 쉽게 시작할 수 있지만 그 누구도 끈기가 없다면 실천할 수 없는, 기본에 철저히 충실한 수업이었습니다.

매일 아침 긍정적인 기운이 솟아나는 5분간의 힘찬 구호 외침, 순수한 아이들의 흥미를 사로잡는 기발한 주제로 매일 헌신적으로 이어지는 세 줄 쓰기, 순수한 아이들과 굳게 손잡고 함께 만들어 가는 긍정적이고 체계적인 루틴. 이 겉으로 보기에는 평범해 보이는 소중한 일상적인 실천들이, 사랑스러운 아이들의 긍정적인 사고방식과 태도를 근본적으로 혁신적으로 변화시키는 그 무엇보다 강력한 긍정적인 힘을 벅차게 발휘하고 있었습니다.

저는 그동안 '어떻게 하면 순수한 아이들이 능동적으로 탐구를 훌륭하게 잘할 수 있을까?' '어떻게 하면 순수한 아이들이 자신의 빛나는 생각을 그 어떤 방해 없이 논리적으로 표현하게 만들 수 있을까?'와 같은 질문의 정답을, 얄팍하게 화려한 수업 전략이나 신기한 특별한 도구에서만 어리석게 찾으려고만 했습니다.

그러나 진정한 해답은 바로 눈앞에 있는 김재신 선생님의 교실의 평범한 일상 속에 감동적으로 숨어 있었습니다. 순수한 아이들의 사소한 긍정적인 변화를 꼼꼼히 포착하고 진심으로 격려하며, 끊임없이 가슴 뛰는 질문을 쉴 새 없이 던지고 함께 벅차게 고민하는 과정, 그것이 바로 탐구의 소중한 씨앗을 감동적으로 틔우는 비결이었습니다.

꾸준함이 핵심이다

김재신 선생님의 수업을 통해, 저는 IB 교육의 본질은 화려한 결과물이 아니라, 기본을 지키는 끈기와 교사로서의 올바른 태도에 있다는 것을 가슴 깊이 깨달았습니다. 화려한 포장지를 벗겨 내니, 그 안에는 '무한한 인내'라는 단단한 알맹이가 숨어 있었습니다. 우리는 모두 알고 있습니다. 좋은 습관이 얼마나 중요한지, 꾸준한 실천이 얼마나 큰 변화를 만들어 내는지. 하지만 실천은 결코 쉬운 일이 아닙니다. 끊임없는 자기 성찰과 인내 그리고 아이들에 대한 깊은 애정이 있어야만 비로소 가능한 일입니다.

김재신 선생님은 제게 '무한한 긍정적인 인내심 없이는 진정한 탐구는 그 어떤 기적도 불가능하다'는 IB 교육의 가장 중요한 핵심 가치를, 그 어떤 화려한 말보다 자신의 삶 전체로 감동적으로 증명해 보이셨습니다. 김재신 선생님의 전부가 담긴 지도는 제 굳은 마음속 깊이 뿌리내려, 앞으로 제가 용기 내어 교육자의 길을 걸어갈 수 있게 환하게 밝혀 주는 등불이 될 것입니다.

이제 저는 낡은 자아를 부수고, 새롭게 태어났습니다. 그리고 그 토대 위에, 단단한 신념을 쌓아 올릴 것입니다. 앞으로도 끊임없이 배우고 성장하며, 아이들과 함께 만들어가는 교실을 통해, 교육의 본질을 실천해 나갈 것을 굳게 다짐합니다. 김재신 선생님은 제게 단순한 멘토가 아닌 영원한 스승으로 기억될 것입니다. 선생님, 진심으로 감사합니다. 이제 저는 다시, 제 자리로 돌아가 아이들의 가능성을 발견하고, 그들의 성장을 돕는 여정을 시작할 것입니다. 넘어지고 부딪히며, 헤매면서 성장하는 교사로서 말입니다.

제10장

대구교육대학교 멘티들의 이야기

1. 배움은 꿈, 가르침은 희망: 김재신 교수에게 배운 교사의 길

대구교육대학교 특수교육심화 4학년 류지혜

-김재신 교수의 2023년 2학기 미술교과 교재 연구 및 지도법(2학점) 과목 수강생

배운다는 건 꿈을 꾸는 것
가르친다는 건 희망을 노래하는 것
우린 알고 있네 우린 알고 있네
배운다는 건 가르친다는 건
희망을 노래하는 것

<꿈꾸지 않으면>, 작사 양희창

제가 좋아하는 노래를 넘어, 마음을 저릿하게 만드는 이 노래는 제게 묵직한 질문을 던집니다. '가르침과 배움은 과연 언제, 어떻게 정의될 수 있을까?' 교사를 꿈꾸는 저에게 이 질문은 숙명과 같습니다. 저의 스승

인 김재신 교수님의 그림자를 밟으며 걸어온 시간을 되짚어 보는 이 기회를 통해, 저는 제가 받은 가르침의 의미를 되새기고, 그것이 저를 어떻게 변화시켰는지 깊이 성찰하고자 합니다. 이 여정은 제가 곧 앞으로 만들어 갈 교사로서의 정체성을 확립하는 중요한 발판이 될 것입니다.

김재신 교수님의 강의를 듣기 전, 저는 좋은 교사를 학생들을 즐겁게 해 주는 사람이라고 단순하게 정의 내렸습니다. 교육 실습을 앞두고 가장 중요하게 생각했던 것은 '어떻게 하면 학생들과 빨리 친해질 수 있을까?' '어떻게 해야 좋은 관계를 맺을 수 있을까?'였습니다. 저는 그저 함께 웃고 즐거워하는 선생님이 학생들에게 가장 사랑받고 오래 기억될 것이라고 순진하게 믿었습니다. 어쩌면 학생들을 향한 애정만큼, 그에 상응하는 사랑을 받고 싶어 하는 어린아이 같은 욕심이 있었는지도 모르겠습니다.

그러나 교수님의 강의는 좋은 교사에 대한 저의 피상적인 생각을 수업이라는 본질적인 영역으로 이끌었습니다. '학생을 진정으로 사랑하는 교사는 어떤 모습일까?'라는 질문을 스스로에게 던지며, 저는 피드백 방식, 효과적인 발문, 심지어 단순하게 여겼던 학습지조차 학생들의 수준에 맞춰 체계적으로 구성하는 방법을 고민했습니다. 수업의 아주 작은 부분까지 깊이 파고드는 시간을 통해 깨달았습니다. '아, 교사가 학생들을 진정으로 사랑한다면, 그 마음을 담아 수업을 치밀하게 연구하고 준비하는 것이 가장 가치 있는 일이 될 수 있겠구나!' 학생들을 사랑하는 마음으로, 아이들이 배움의 기회를 놓치지 않도록 온 힘을 쏟는 것. 그것이야말로 제가 지향해야 할 좋은 교사의 모습이라는 확신이 들었습니다.

교수님의 공개 수업 참관은 제 생각을 더욱 확고한 신념으로 굳히는 결정적인 계기가 되었습니다. 학생들의 눈높이에 맞춰 무릎을 굽히고,

오롯이 학생들에게 집중하며, 정답을 제시하는 대신 스스로 답을 찾아가도록 이끌어 주는 모습은 감동적이었습니다. 학생들은 그에 화답하듯 수준 높은 질문을 쏟아 내며 수업에 깊이 몰입했습니다. 공개 수업은 단 40분 남짓한 시간이었지만, 저는 그 짧은 시간 속에 담긴 교수님의 오랜 고민과 노력을 느낄 수 있었습니다. 응축된 신념과 열정이 고스란히 느껴지는 수업을 보며, '이건 감히 흉내 낼 수 없겠다.'라는 경외심과 함께, 끊임없는 수업 연구와 고민이야말로 교사가 갖춰야 할 가장 중요한 자세임을 다시 한번 깨달았습니다.

교수님의 가르침 중에서 제 마음속에 깊이 새겨진 문장이 있습니다. 바로 "학생 개개인에게 정성껏 피드백하는 시간은 오래 걸릴지라도, 그것은 학생들의 마음속에 평생토록 남는 기억이 될 것이다."라는 말씀입니다. 교수님께서 강조하신 피드백은 단순한 칭찬이 아니었습니다. "이 그림으로 무엇을 표현하고 싶었니?" "네 의도를 더 효과적으로 드러내려면 어떻게 표현하는 것이 좋을까?"와 같이, 학생 스스로 생각을 확장하도록 이끄는 심층적인 질문에 가까웠습니다. 교수님께서는 한 명의 학생에게 그토록 오랜 시간을 할애하는 이유를 설명하시면서, 학생 내면의 긍정적인 변화를 강조하셨습니다. 이 말씀이 제 마음에 깊이 와닿았던 이유는, 지금의 저를 있게 한 결정적인 순간들도 이와 같았기 때문입니다. 특별히 눈에 띄는 학생이 아님에도 불구하고, 제가 지금의 모습으로 성장하여 교사의 길을 꿈꾸게 된 것은, 제가 만났던 모든 선생님의 따뜻한 관심과 격려 덕분입니다. 그분들의 진심 어린 한마디 한마디가 지금의 저를 만들었다는 사실은 참으로 놀랍고 감격스럽습니다.

지난 6월, 저는 마지막 교생 실습을 마치며 잊지 못할 경험을 했습니다. 그곳에서 만난 한 2학년 학생은, 어쩌면 수업 시연을 위해 일부러 설정해 놓은 듯한 모습으로 제게 다가왔습니다. 늘 짝과 다투고, 공부는

싫다며 클레이 만지기를 좋아하는 아이였습니다. 실습 마지막 날, 그 학생은 제게 다가와 꼬깃꼬깃한 편지 한 장을 건넸습니다. 지웠다 다시 쓴 흔적이 역력한 종이에는 '학교를 볼 때마다 선생님이 생각날 거예요.'라는 문장이 적혀 있었습니다. 그 편지를 읽는 순간, 저는 김재신 교수님께 배운 소중한 깨달음을 다시금 떠올리며 깊은 감동을 받았습니다. 지금도 그 학생을 생각하면 눈물이 왈칵 쏟아질 것 같습니다. 무심코 던진 한마디, 교사가 진심을 담아 건네는 한마디가 한 학생의 마음속에 이토록 깊은 울림을 줄 수 있다는 사실을 다시 한번 깨달았습니다. 교수님의 말씀처럼, 피드백은 단순한 업무나 부담이 아니라, 학생의 마음속에 잔잔한 파동처럼 오랫동안 머무는 따뜻한 마음을 전하는 일임을 가슴 깊이 새겼습니다.

마지막으로, 이 글을 마무리하며 저는 어떤 교사가 되고 싶은지 스스로에게 묻습니다. 감히 공언하건대, 저는 '언제나 교대 4학년 학생과 같은 마음을 지닌 교사'가 되겠습니다. 이 글을 쓰고 있는 지금, 저는 임용고시를 70일 앞두고 있습니다. 짧게는 1년, 길게는 4년 동안 준비하는 시험이기에, 종종 시험이 끝나는 날을 상상하곤 합니다. 수험 생활의 끝자락에서 동기들과 "시험만 끝나면 여행 가자!" "내년에는 편안하게 보내자."라는 말을 나누며 다가올 자유를 꿈꾸기도 합니다. 하지만 김재신 교수님을 떠올리면 그러한 안일한 생각들을 떨쳐 버리게 됩니다. 임용고시는 끝이 아닌, 교사로서 성장하기 위한 하나의 과정일 뿐이며, 진정한 배움은 그 이후에 시작된다는 것을 깨닫습니다. 어쩌면 교대 4학년은 교사가 되겠다는 간절한 꿈 앞에서 가장 겸손해지는 시기인지도 모릅니다. 배우려는 뜨거운 의지와 학생들을 향한 끊임없는 고민을 잊지 않고, 지금 이 마음을 고이 간직하며 살아가는 교사가 되겠습니다.

무언가를 진정으로 배웠다는 것은 지식 습득에 머무르는 것이 아니라 실천으로 이어질 때 비로소 의미를 갖습니다. 실천을 통해 우리는 비로소 '배웠다'라고 자신 있게 말할 수 있습니다. 김재신 교수님의 가르침을 따라, 교수님과 가까운 곳에서 지금의 깨달음을 실천하며 성장해 나가기를 간절히 소망합니다.

[그림 10-1] 류지혜 학생의 교생 실습

추신: 교수님의 강의를 들으며 마치 속기사처럼 꼼꼼하게 내용을 기록하는 제 모습을 보고 동기들이 웃었던 기억이 납니다. 그 당시에는 말씀드리지 못했지만, 교수님의 모든 말씀은 곧 제가 앞으로 만날 학생들을 향한 메시지라고 생각했기에, 한마디라도 놓치고 싶지 않았습니다. 사랑스러운 아이의 아버지로서, 학생들을 올바른 길로 이끄는 교사로서, 그리고 동료 교사들에게 든든한 힘이 되어 주는 선배로서 걸어가실 교수님의 앞날을 진심으로 응원합니다. 앞으로도 교수님 곁에서 끊임없이 배우고 선한 영향력을 받으며 성장할 수 있기를 소망합니다. 소중한 인연을 맺어 주셔서 진심으로 감사드립니다.

2. 수업의 본질은 학생에게서: 김재신 선생님에게 배우는 진심의 교육

대구교육대학교 특수교육심화 4학년 김보경
-김재신 교수의 2023년 2학기 미술교과 교재 연구 및 지도법(2학점) 과목 수강생

믿습니까? 믿습니다.
무엇을요? **진심의 힘**을요.

믿습니까? 믿습니다.
누구를요? 저를요.
그리고 **제가 만날 아이들을요**.

언젠가 인간의 신체 중 유일하게 성형할 수 없는 부위는 눈빛이라는 말을 들은 적이 있습니다. 그 말을 듣고 난 후부터일까요, 저는 사람을 대할 때 무의식적으로 상대방의 눈빛에 집중하게 되었습니다. 대화를 나누며 자연스럽게 눈을 맞추다 보면, 그 사람만이 지닌 고유한 분위기가 느껴지곤 하니까요.

제가 느낀 '김재신 선생님(매 강의에서 "저는 교수님이 아니라, 이 길을 먼저 걸어 나가는 선배 교사로서 여러분에게 도움을 주고 싶습니다. 그러니 교수님이 아니라 '선생님'이라고 불러 주세요."라고 말씀하시던 김재신 선생님의 가르침이 늘 제 마음에 남아 있습니다. 그래서 이어질 글에서도 '선생님'이라는 호칭으로 통일하고자 합니다.)의 눈빛은 어떤 단어로 표현할 수 있을까?' 깊이 고민할 필요도 없이, 하나의 단어가 제 마음속에 떠올랐습니다.

희망(希望)

1. 「명사」 어떤 일을 이루거나 하기를 바람.
2. 「명사」 앞으로 잘될 수 있는 가능성.

유의어 | 기대, 꿈, 등불

김재신 선생님의 강의와 대화는 제게 희망 그 자체였습니다. 어릴 적부터 품어 온 '선생님'이라는 꿈을 더욱 구체화하고, 꿈 너머의 꿈을 꿀 수 있도록 이끌어 주는 소중한 시간이었지요. 언제부터 선생님이 제 꿈이었다고 말하기 시작했는지 기억조차 나지 않을 정도로, 오랜 시간 교사를 꿈꿔 왔기에 나름대로의 '교직관'은 가지고 있었습니다. 하지만 교육대학교에 입학하기 전, 그리고 김재신 선생님의 강의를 듣기 전에는 주로 학생들의 정서적 성장이라는 측면에서, 다소 추상적인 말들로만 저의 교직관을 표현했습니다. 예를 들어, '아이들에게 꿈과 희망을 심어 주는 선생님이 되고 싶다.'라는 식으로요. 요즘 흔히 사용하는 MBTI에 빗대어 표현하자면, 지극히 'F'의 관점이었다고 할 수 있을까요.

하지만 선생님의 학급 경영 사례와 생생한 수업 사례들을 접하면서, 제가 만들어 갈 교실의 모습, 수업과 학급 운영의 방향성을 더욱 선명하게 그려 나갈 수 있었습니다. 무엇보다 가장 큰 변화는 수업의 중요성에 대해 깊이 생각하게 되었다는 점입니다.

선생님의 수업 사례를 접할 때마다 종종 이런 생각을 했습니다. '만약 내가 지금 선생님의 교실에서 학생의 입장이 되어 탐구 수업에 참여한다면, 저 정도 수준의 질문을 떠올릴 수 있을까? 저렇게 적극적으로 참여할 수 있을까?' 솔직하게 '그렇다.'라고 답하기 어려웠습니다. 좀 더 솔직히 말하자면, '어려울 것 같다.'라는 생각이 더 컸습니다. 예비 교사인 저조차도 이렇게 생각하는데, 선생님 교실의 아이들은 어떻게 그 누구 하나 빠짐없이 수업에 능동적으로 참여할 수 있을까요? 선생님께서 과장하시는 걸까요? 아니면 선생님께서 만나는 아이들이 전부 호기심이 넘치고 똑똑해서 가능한 일일까요? 그것도 아니라면 대체 어떻게, 선생님의 교실에서는 학생들이 그토록 주체적으로 움직일 수 있는 걸까요?

그 답은 선생님과의 대화 속에서 찾을 수 있었습니다. "아이들에게 어떤 활동을 20분 안에 해내기를 기대한다면, 그 과제를 제시하기 전에, 아이들이 그것을 20분 안에 해낼 수 있는 힘부터 길러 주어야 한다." 처음 이 말씀을 들었을 때, 마치 머리를 망치로 한 대 얻어맞은 듯한 충격을 잊을 수 없습니다. '나는 지금까지 어떤 방향으로 고민하며 수업을 설계해 왔는가?' '내가 학생들에게 제시한 활동, 그리고 그 활동을 통해 학생들이 해내기를 기대했던 것은 과연 학생들의 능력과 수준에 적합했는가?'

물론 저는 아직 예비 교사로서, 교육 실습에서의 수업 경험, 대학교 강의에서 과제로 주어진 수업 시연 준비 경험 그리고 몇몇 봉사활동에서의 수업 경험이 전부입니다. 이러한 경험들과 제가 실제로 '담임'이 되어 학급을 경영하고 수업하는 것은 분명 많은 차이가 있을 것입니다. 하지만 선생님의 말씀이 없었다면, 저는 교단에 서서도 여전히 '어떤 활동을 할까?'라는 고민만 반복했을지도 모릅니다. '어떻게 배우게 할까?'라는 고민 대신, '어떻게 가르칠까?'라는 질문에만 매달렸을지도 모릅니다.

김재신 선생님께 배운 것을 한 문장으로 요약하자면, "수업에 대한 고민은 '화려함'과 '기법'을 넘어, '학생'에게서 출발해야 한다."라는 것입니다. 교사의 수업 전문성은 결국 학급 경영과도 긴밀하게 연결되어 있으며, 수업의 본질을 따라갈 때 비로소 우리는 진심과 진심이 만나는 따뜻한 순간을 경험할 수 있습니다. 그렇다면 수업의 본질은 무엇일까요? 저는 학생의 입장에서 선생님의 강의를 듣고 보고 느끼고 깨달으면서 그 답을 어렴풋이 알 수 있었습니다.

교육대학교의 다른 강의들과 마찬가지로, 선생님의 강의에서도 '미술 수업 시연'이라는 과제가 주어졌습니다. 하지만 선생님께서 주신 과제가 제게 남긴 의미는 조금 달랐습니다. 단순히 과제를 제시하고 "해보세요." "준비하세요." 하는 식이 아니라, '차근차근' 배움의 길을 함께 걸어가 주셨기 때문입니다. 수업 시연을 준비하기에 앞서, 수업을 어떤 방향으로 고민해야 하는지, 수업 준비에 필요한 기초적인 지식은 무엇인지, 그리고 이것이 실제 수업에서는 어떻게 적용되는지까지 사례를 통해 구체적으로 알려 주셨습니다. 수업 시연을 준비하다 고민이 생길 때면 언제든 질문할 수 있었고, 함께 답을 찾아가는 과정은 제가 저의 수업에 더욱 마음을 쏟고 정성을 담아내도록 이끌었습니다. 하나를 질문하면 누구보다 진심으로 고민해 주시고 정성스럽게 경험을 나눠 주시는 선생님의 모습에 저도 모르게 '진심'을 다할 수밖에 없었습니다. 어쩌면 이것이 바로 수업의 본질이 아닐까요? 학생이 스스로 해내야 할 것에 집중하고, 그렇게 이루어진 배움이 결국 삶과 하나 되는 것 말입니다.

아무리 질 좋은 자료, 다양한 활동, 탄탄한 내용으로 구성된 수업이라 할지라도, 학습자가 배움에 대한 의지가 없다면 그 속에서 진정한 배움은 일어나기 어렵습니다. 마치 속이 굳어 버린 스펀지가 물을 흡수하지 못하듯이 말입니다. 그래서 아이들의 머리와 마음을 부드럽게 만들어 배우는 내용들이 자연스럽게 스며들게 하는 것이 중요합니다. 그리고 제가 본 김재신 선생님은 그러한 능력이 탁월한 분이셨습니다. 아이들의 마음을 열기 위해 수업 연구와 학급 경영에 진심을 담아내는 분이셨습니다. 학생 한 명 한 명의 성향과 수준을 파악하는 것에서 시작하여, 학급 전체의 분위기와 수준은 어떠한지, 수업에서 어떤 발문을 통해 아이들의 사고를 자극할 수 있는지까지 꼼꼼하게 고민하셨습니다. 하나의 수업을 위해서도 치밀하게 고민하는 그 모습을 보고 있노라면 제가 품었던 모든 의문과 궁금증이 해소되는 듯했습니다. '누군가에게 잘 보이기 위한' 수업이 아니라, 아이들에게 의미 있는 배움이 일어날 수 있도록 밤낮없이 고민하고 움직이고 계셨습니다. 즉, 선생님의 진심과 능동성이 아이들을 움직이게 한 것입니다. 선생님의 그러한 진심은 아이들뿐만 아니라 예비 교사인 저에게도 큰 꿈이자 희망으로 자리 잡았습니다.

제가 학창 시절부터 어려움을 느끼는 순간이나, 제 한계라고 느껴지는 순간에 스스로에게 되뇌던 말이 있습니다. 바로 "불가능을 가능으로, 안 되면 되게 만들자."라는 것입니다. 그래서인지 저는 남들이 보기에는 이상적이고 다소 불가능에 가까운 일들을 꿈꾸기도 합니다. 예를 들어, '모든 학생이 수업에서 소외되지 않는 교실'을 만들고 싶다는 꿈입니다. 학급에는 각기 다른 특성과 능력, 배경을 가진 학생들이 저마다의 속도로 성장하고 있습니다. 교사 한 명이 그 모든 학생의 지적 · 정서적 성장을 조력하며 단 한 명의 학생도 소외되지 않는 수업과 학급을 만드는 일은 결코 쉽지 않습니다. 누군가는 '아직 현장 경험이 없는 교대생이 품은 이상적인 꿈'이라고 치부할지도 모릅니다. 사실 때로는 저조차도 '저것이 정말 실현 가능한 일일까?'라는 의문을 품기도 합니다. 주변에서 들려오는 공교육 붕괴, 교권 추락 등과 관련된 여러 소식을 접하면 회의감을 느끼기도 합니다. 하지만 선생님을 통해 해낼 수 있다는 희망과 해 보고 싶다는 기대를 품게 되었습니다. 이상에 불과하다고 생각했고 막연한 허상처럼 느껴졌던 일 속에서 가능성을 보았습니다. 신념을 가지고 묵묵히, 돌아가더라도 정직하게 걸어가시는 선생님의 발걸음이 아이들 한 명 한 명에게 닿는 것을 보았기 때문입니다. 모두가 어렵다고 말하는 길도 기꺼이 걸어 나가는 용기, 겉으로 드러나는 화려함이 아닌 '본질'을 따라가는 '진실함', '의도'가 있는 말과 행동 속에 녹아든 섬세한 고민과 노력의 흔적들. 저는 그것들을 분명히 느꼈습니다.

선생님으로부터 건네받은 '희망'을 안아 들고, 이제는 저의 날개를 펼쳐 보려 합니다. '나는 어떤 스승이 될까?'라는 질문에 답하며, 글을 마무리하겠습니다. 저의 날갯짓이 선배 선생님들께는 패기 넘치는 예비 교사의 열정을 귀여운 미소로 바라보며 지난날의 열정을 되새기는 계기가 되기를, 저와 같은 예비 선생님들께는 좋은 수업을 향해 가는 길에 함께 할 든든한 동력이 되기를 바라 봅니다.

대학교에 오기 전에는 너무 당연하게 정년퇴직을 하게 될 것이라 생각했습니다. 그런데 실습을 거듭하고, 아이들을 만나는 경험이 쌓이면서는 그런 생각을 했습니다. '학교로 향하는 발걸음이 설레지 않는 순간에는 교직을 떠나야지.' (아직 현장에 발도 들이지 않은 예비 교사가, 벌써부터 퇴직을 논하니 피식하실 수도 있겠네요.)

저는 제가 아이들 속에 있을 때 가장 밝게 빛난다는 것을, 맑고 순수한 아이들 속에서 가장 진실된 미소를 보일 수 있다는 것을, 알고 있습니다. 사람은 누구나 자신이 하고 싶은 일을 할 때 가장 빛나는 법이니까요. 그래서 아이들을 만나는 것이 질리는 순간이 찾아오지 않기를, 그 누구보다 제가 가장 바라지요. '그럼 내가 아이들을 만나는 순간의 설렘을 지속하기 위해서는 어떻게 할 수 있을까?'라는 생각을 해 보니 그 답은 '전문성'에 있었습니다. 그리고 여태까지 교육봉사나 멘토링, 교육 실습을 통해 경험했던 것을 떠올리며 그 답에 더욱 확신을 얻었습니다. 저는 제가 스스로에게 부끄럽지 않을 때, 아이들 앞에 당당히 설 수 있을 때 진심으로 아이들을 대할 수 있었습니다. 그리고 그 자신감은 준비된 마음에서 비롯되었습니다.

사람과 사람이 만나는 일은, 더욱이 통통 튀는 아이들이 공존하는 교실에서는, 매 순간이 예측 불가능의 연속이지요. 하지만 그 예측 불가능함 속에서도 분명, 예측 가능한 요인들, 내가 미리 알아낼 수 있고, 분석할 수 있는 것들은 존재합니다. 아이들의 관심사, 수준, 흥미, 특성 등과 같은 것들 말이지요. 아이들에게 '관심'을 가지고 다가갔을 때, 충분히 알 수 있는 것들입니다. 그리고 그것들을 바탕으로 아이들에게 인지적 갈등을 유발하거나 비계의 역할을 할 수 있는 발문을 고민해 볼 수도 있고, 학급 운영의 큰 틀을 그려나갈 수도 있습니다. 그래서 저는 아이들에게 따뜻한 시선으로 관심을 보내는 교사가 되어 보려 합니다. 그런 관심을 바탕으로, 근거 있는 믿음을 건네고, 본질을 추구하는 수업을 만들어 가려 합니다. 학생의 성향을 파악하여 개개인에게 적합한 피드백, 학생 개개인의 수준에 적합한 수업을 구성하고, 함께 성장해 보려 합니다.

그렇다고 한없이 따뜻하고 너그럽기만 한 선생님이 될 생각은 없습니다. 잘못된 것에 대해서는 단호하고 분명하게 지도하되, 그것이 개인적인 감정에 의한 것이 아님을, 사랑과 애정에서 비롯된 것임을 느끼도록 하고 싶습니다. 그러기 위해서는 김재신 선생님께서도 강조하시는 교사의 일관성 있는 태도, 학생과의 충분한 신뢰 형성이 중요하겠지요. 그래서 저는 좋은 스승이기 이전에, 좋은 어른 그리고 좋은 사람이 되리라 다짐합니다. 제가 한 존재로 온전히 존재하고, 제 삶이 바로 서 있을 때, 아이들을 온전히 바라보고, 일관된 태도로 대할 수 있다고 믿기 때문이지요. 시간이 걸릴지언정, 제가 말과 행동에 담아내는 진심들이 결국 아이 한 명의 삶에 꽃을 피우는 좋은 거름이 되어 주리라 믿습니다. 그 시간을 인내할 저를 믿고, 제가 건넨 진심을 비로소 느끼게 될 아이들을 믿습니다.

'스승은 사라지고, 교사만 남았다.'

아마 이 책을 읽으시는 선생님들께도 낯설지 않은 문장이리라 생각합니다. 언제 들어도 참, 가슴이 저릿해 오는 말이지요. 갈수록 신뢰를 잃어 가는 학교와 교사에 대한 현실을 고스란히 드러내는 한 문장인 것 같아 씁쓸하기도 합니다. 하지만 저는, 이런 문장들이 있기에 더욱 노력해 보리라, 힘을 내보리라 다짐합니다. 그럼에도 불구하고 여전히 존재하는 스승님들께서 오늘도 묵묵히 애쓰고 계신다는 것을 믿어 의심치 않기 때문이지요.

> 믿습니까? 믿습니다.
> 무엇을요? 진심이 피워 낼 희망의 씨앗을요.
>
> 믿습니까? 믿습니다.
> 누구를요? 따뜻한 기다림과 일관된 태도로 아이들을 만날 저를요.
> 그리고 저마다의 속도로 자라날, 제가 만날 아이들을요.

저는 교직 경력이 10년, 20년, 30년 쌓이고도 "아이들을 만나는 일은 여전히 설레지만, 또 여전히 어렵다."라고 말하는 사람이고 싶습니다. 그래서 수업에 대해 끊임없이 고민하고 연구하며 '무엇을 배우게 할까?'를 학생들의 관점에서 바라보는 스승이고 싶습니다. 성찰하고 기록하며, 묵묵히 나아가는 사람이고 싶습니다. 노력하는 시간들이 쌓여 근거 있는 자신감을 만들고, 그 자신감과 함께 설레는 마음으로 아이들을 마주하는 순간들이 오래가길 바랍니다.

누구나 가 보지 않은 길에 대한 두려움은 안고 있습니다. 그 길의 옆에, 조금 더 편히 갈 수 있는 지름길이 있다면, 지름길의 유혹을 떨쳐 내는 일도 쉽지 않지요. 하지만 저는 오늘도 그저 최선을 다해 봅니다. 적어도 제 곁에, '김재신 선생님' 한 분은 이 길을 함께 걸어 주고 계시니까요. 그리고 분명 더 많은 선생님께서 이 길 위에 함께 계신다는 것을 알고 있으니까요. 오늘도 보이지 않는 곳에서, 애쓰고 계시는 모든 선생님을 응원합니다.

[그림 10-2] 김보경 학생의 교생 실습

제11장

초등학교 졸업생 및 재학생 멘티들의 이야기

1. 개성, 협동, 질문: 김재신 선생님과 함께 성장한 2024년

경일여자중학교 1학년 7반 엄세연

-2024년 대구영선초등학교 6학년 3반 학생

안녕하십니까. 저는 2024년에 선생님의 제자였던 엄세연입니다. 저는 김재신 선생님과 함께한 1년 동안 정말 많은 성장을 이루었습니다. 저의 성장을 이끌어 주신 선생님의 수업을 한 단어로 표현하자면 '자석을 가진 파도'라고 말하고 싶습니다. 파도가 때로는 강렬하고 때로는 부드러운 것처럼, 자석이 쇠붙이를 끌어당기듯 매력적인 힘을 지니고 있기 때문입니다. 선생님께서는 수업 시간에는 강렬한 열정으로 가르치시고, 쉴 때면 부드럽고 재미있게 대해 주셨습니다. 또한 적극적으로 발표하고 수업에 참여할수록 더욱 몰입하게 되는 매력이 있었습니다.

김재신 선생님께서는 팔레트교실에서 학생 한 명 한 명의 개성을 소중히 여기시면서 마음과 가능성을 함께 키워 주시는 따뜻한 선생님이셨습니다. 선생님 덕분에 미술을 통해 자신을 표현하고 친구들과 협동하여 그림도 그리고, 에코백 등 굿즈도 제작하는 특별한 경험을 할 수 있었습니다. 미술 활동을 하면서 마음이 편안하고 즐거웠습니다.

저는 6학년 때 선생님의 제자가 되면서 매일 매일이 특별하고 인상 깊었습니다. 그중에서 가장 인상 깊었던 탐구 활동은 '현대미술 작가'의 가치관을 알아보는 것이었습니다. 3학년 때 롤모델을 찾아보고 탐구한 적은 있지만, 한 사람에 대해 깊이 탐구한 적은 없었기 때문입니다. 탐구 계획서를 시작으로 작가에 대한 더 많은 자료를 찾아보고 그 의미를 알아보는 과정이 뜻깊고 재미있었습니다. 선생님의 수업 방식대로 질문을 통해 무엇을 조사해야 하는지 알아보고, 발표를 통해 자신이 조사한 내용에 대해 친구들 앞에서 발표했습니다. 질문과 발표를 통해 진행되는 수업 방식이 기억에 남습니다. 또한 저는 다른 학년에서는 발표를 많이 하지 않았었는데, 발표를 하면서 주도성이 성장하는 것 같았고 자신감도 기를 수 있었습니다.

6학년 때는 수업 시간에 모둠 토의와 짝 토의를 많이 했던 것 같습니다. 혼자 하면 편하고 혼자 힘으로 해낼 수 있는 힘을 기를 수 있지만, 모르는 것이 있을 때 혼자 해결해야 하고, 의견을 제시하거나 뒷받침할 근거를 혼자 생각하는 것은 어려울 수 있습니다. 반면, 모둠 활동은 불편할 수도 있고 대화와 타협이 원활하게 이루어지지 않을 수도 있지만, 하나의 의견에 대해 더 다양한 뒷받침 근거를 얻을 수 있고 모르는 것을 물어볼 수도 있습니다. 오히려 갈등의 과정이 기억에 남아 그 내용을 더 잘 이해할 수도 있습니다. 모둠 활동에 적응하다 보면 주어진 과제를 협력하여 편안하고 빠르게 해결할 수 있습니다. 그리고 한 팀으로만 계속 활동하면 안일해질 수 있기 때문에 다른 팀과 번갈아 가며 활동함으로써 사회적인 역량을 기를 수 있다고 생각합니다. 따라서 모둠으로 함께 공부하다 보면 본인이 몰랐던 것을 알 수 있고, 문제를 푸는 다양한 방식을 알 수 있어 협동심을 기를 수 있습니다.

저도 실제로 팀 활동을 하면서 다른 친구의 이야기를 듣고 '아!' 하고 깨달은 적이 있습니다. 예전에는 질문을 하지 않고 수업을 들으면서 질문하는 친구들이 존경스러웠는데, 6학년 때 질문을 해 보니 질문을 하기 위해 계속 생각하는 과정에서 빠르게 생각하는 힘이 길러진 것 같습니다. 미술 활동을 할 때도 그림에 무언가를 추가하고 싶을 때 친구들과 질문을 주고받으니 그림에 필요한 요소를 추가하여 그림을 잘 완성할 수 있었습니다. 특히 사회 참여 미술 활동을 했을 때 주제가 '기아 종식'이어서 치킨을 얻기 위해 탑을 쌓아 올라가는 사람들을 그렸는데, 세부적인 요소를 추가하고 싶어서 친구에게 질문해 보니 탑을 쌓아 올라가는 사람들 말고도 굶주려서 해골이 된 사람이나 뼈를 그려 보라는 아이디어를 얻어 그림을 잘 완성할 수 있었습니다. 그리고 제가 질문한 것은 아니지만, 어떤 친구가 사회 시간에 "옛날에는 삼권분립을 안 했나요?" 라고 질문한 적이 있었습니다. 그 덕분에 지금은 서로 견제하며 삼권분

[그림 11-1] 엄세연 학생의 탐구 활동

립이 이루어지고 있는데, 과거 정부 시대에는 왜 그렇게 독재를 할 수 있었는지에 대해 수업 시간에 함께 고민해 보는 시간을 가졌습니다.

김재신 선생님 덕분에 질문을 통해 답을 찾으려는 노력을 하면서 수업에 대한 의욕이 샘솟았습니다. 질문의 힘이 정말 대단하다는 것을 깨달았고, 선생님의 제자라는 사실이 저의 이름만큼이나 자랑스럽습니다.

2. 질문이 세상을 보는 눈을 바꾸다: 대인 관계와 자립심을 가르쳐 주신 선생님

대구영선초등학교 6학년 3반 노아원

-2025년 대구영선초등학교 6학년 3반 학생

저는 김재신 선생님과 함께한 수업을 통해 질문이 얼마나 가치 있는지 배우고 있습니다. 질문이 중심이 되는 수업은 제가 세상을 바라보는 시각을 더욱 구체적이고 깊이 있게 만들어 주었습니다. 특히 수업에서 주로 활용되었던 [ABCD] 질문은 문제에 대한 심층적인 이해를 돕는 효과적인 도구였습니다. 질문에 답하기 전에 정확한 근거를 탐색하는 과정에서 비판적 사고 능력을 기를 수 있었고, 획득한 근거를 바탕으로 스스로 답을 도출해 내는 경험을 통해 깊이 있는 사고력을 함양할 수 있었습니다. 이처럼 질문 중심의 수업은 자기 주도적인 학습 능력을 키우는 데에도 매우 적합했으며, 다른 학생들과 답을 공유하고 서로의 의견을 보완하며 발전시키는 과정은 더욱 풍성한 배움을 가능하게 했습니다. 결과적으로 질문 중심 수업은 제가 세상과 문제에 대해 더욱 깊이 이해하고, 스스로 해답을 찾아 나가는 자립적인 역량을 키울 수 있도록 훌륭하게 조력해 주었습니다.

질문이 핵심이 되는 수업 방식은 제가 세상과 마주하고, 문제를 분석하는 시각을 한층 더 구체적이고 심오하게 확장하는 데 크게 기여했습니다. 특히 수업 시간에 주로 활용되었던 [ABCD] 질문 형식은 문제를 다각도로 조망할 수 있도록 설계되어, 피상적인 이해를 넘어 문제의 본질에 접근하는 데 효과적이었습니다. 또한 질문에 대한 답을 구하기 전에 신뢰할 수 있는 근거를 탐색하는 과정을 거치면서 비판적 사고력을 자연스럽게 함양할 수 있었습니다. 단순히 지식을 암기하는 것이 아니라, 확보한 근거를 토대로 논리적으로 추론하여 답을 도출하는 과정은 깊이 있는 사고 능력을 키우는 데 결정적인 역할을 했습니다. 이처럼 질문 중심의 수업은 학생 스스로 해답을 모색하는 자기 주도적 학습에 최적화되어 있었으며, 동료 학생들과 자신의 생각을 공유하고 서로의 답변을 보완하며 발전시키는 과정은 협력적 학습의 가치를 깨닫게 해 주었습니다. 결국, 질문을 중심으로 이루어지는 수업은 제가 세상을 더욱 폭넓고 깊이 있게 이해하도록 도왔을 뿐만 아니라, 문제 해결 능력을 향상시키고 스스로 판단하고 행동하는 자립심을 길러 주는 데도 지대한 공헌을 했습니다.

저는 김재신 선생님과 함께했던 수업 중에서 원팀 스케치가 가장 기억에 남습니다. 원팀 스케치는 하나의 주제를 가지고 여러 팀이 각자의 개성을 담아 작품을 완성하는 활동입니다. 이 수업이 특히 인상 깊었던 이유는, 협력과 타협을 통해 완성된 작품이 그렇지 않은 작품보다 훨씬 더 훌륭했기 때문입니다. 조형 요소와 조형 원리 등 모든 것을 학생들이 스스로 결정하고 표현했다는 점 또한 의미 있게 느껴졌습니다. 더불어 끊임없이 소통하면서 모둠원들과 친목을 다지고, 갈등을 해결하며 문제에 대처하는 능력을 키울 수 있었습니다. 뿐만 아니라 구체적인 질문을 통해 작품을 더욱 발전시켜 나가는 과정에서 질문을 만드는 능력 또한 향상되었습니다. 그리고 이 수업의 기본인 미술적 감각 및 능력도 자연스럽게 발전시킬 수 있었습니다. 즉, 이 수업은 미술 작품 제작을 중심으로 다른 사람들과 효과적으로 소통하는 방법을 배울 수 있는 소중한 경험이었습니다. 이처럼 협력, 타협, 존중, 소통을 중요하게 생각했던 원팀 스케치였기에 저에게 깊은 인상을 남겼습니다.

저는 수업을 통해 꾸준함이야말로 자신을 성장시키는 가장 확실하고 명료한 방법이라는 것을 깨달았습니다. 이러한 꾸준함의 가치는 올해 UOI 1 공개 수업이었던 재능 박람회를 준비하면서 몸소 체험할 수 있었습니다. 각자의 재능을 모둠원들과 함께 발전시켜 나가는 과정에서 저희는 몇 주 동안 쉼 없이 재능 향상을 위해 매진했습니다. 저희 모둠은 주산을 주제로 재능 박람회를 준비하면서 주산 실력뿐만 아니라 발표 능력까지 향상시키기 위해 노력했습니다. 그 결과 재능 박람회가 끝난 지금, 저는 발표할 때 이전보다 훨씬 더 자신감 있는 목소리를 낼 수 있게 되었고, 무엇보다 주산 실력이 눈에 띄게 향상되었습니다. 당시 저희 반은 팀별로 노력 플래너를 사용하여 스스로가 얼마나 성실하게 노력하고 있는지 꾸준히 성찰하는 시간을 가졌습니다. 즉, 몇 주 동안 꾸준히 노력한 결과 과거의 저보다 훨씬 더 발전할 수 있었던 것입니다. 따라서 저에게 꾸준함은 자기 자신을 더욱 성장시킬 수 있는 가장 확실한 방법이자 훌륭한 결과를 만들어 내는 첫걸음입니다. 이 경험은 다른 어떤 경험보다 소중하며 앞으로 제가 살아가는 데 큰 도움이 될 것이라고 믿습니다.

저는 선생님께 대인 관계 능력과 자립심을 키울 수 있도록 이끌어 주신 것에 깊이 감사드립니다. 선생님께서는 학생들이 각자의 부족한 부분을 다른 학생들을 통해 보완하고, 잘못된 점을 바로잡아 다른 학생의 성장을 돕는 것을 교실에서 가장 중요한 가치로 여기셨습니다. 이러한 가치에 익숙해진 학생들은 자연스럽게 협력하고 서로를 도우며 과거의 자신보다 더욱 발전할 수 있었습니다. 앞에서 언급한 내용뿐만 아니라, 학생들은 자신과 다른 학생을 포용하고 존중하는 방법, 갈등이 발생했을 때 민주적인 방식으로 해결하는 방법 등도 수업을 통해 자연스럽게 깨달을 수 있도록 이끌어 주셨습니다. 선생님께서는 개개인의 개성과 의견을 존중해 주셨고, 학생들이 잘못된 길로 나아가지 않도록 올바른 방향으로 이끌어 주셨습니다. 동시에 학생들이 수업에 흥미를 느끼고 적극적으로 참여할 수 있도록 다채로운 수업을 계획해 주셨습니다. 이처럼 학생들의 성장을 위해 진심으로 노력해 주시고, 최선을 다해 주시는 선생님께 진심으로 감사드립니다.

[그림 11-2] 노아원 학생의 탐구 활동

에필로그

배움은 누가 주는 것이 아니라 스스로 일어서는 일입니다.

학교 현장은 빠르게 변하고 있습니다. 교과서보다 학생이 중심이 되는 수업, 지식보다 사고와 개념을 중시하는 학습, 그리고 IB라는 이름으로 대표되는 새로운 교육 문화가 교실을 채우고 있습니다. 저는 그 변화를 반갑게 바라보면서도 한편으로는 조심스러웠습니다. IB가 널리 퍼지는 과정에서 그 철학이 단순한 형식으로 소비되는 모습을 종종 보았기 때문입니다.

IB가 추구하는 탐구는 지식을 넘어서 사고의 습관을 기르는 것입니다. 학생이 스스로 개념을 발견하고 서로의 관점을 이해하며 배움을 통해 삶의 태도를 확장하는 것, 그것이 IB의 본질이라고 생각합니다. 그러나 때로는 그 깊은 철학이 교실에서 '활동 중심 수업'이나 '보여 주는 탐구'로 축소되곤 했습니다. 저는 그 틈에서 진짜 탐구의 의미가 희미해지는 순간들을 보았습니다. 그리고 그 아쉬움이 이 책을 쓰게 된 출발점이 되었습니다.

요즘 교실에는 탐구라는 말이 익숙합니다. 학생들은 모둠을 이루어 토의하고 발표하며 교사는 정답 대신 질문을 던집니다. 겉으로 보기에는 수업이 자유로워진 듯하지만 그 자유가 곧 주도성은 아닙니다. 탐구의 겉모습을 갖추는 것은 어렵지 않지만 탐구의 문화를 세우는 일은 훨씬 더 어렵습니다.

저는 매일의 교실에서 그 차이를 느낍니다. 진정한 주도성은 교실의 분위기와 관계 속에서 자랍니다. 교사가 먼저 탐구자로 서야 하고 아이들은 그 태도를 보며 배웁니다. 스스로 탐구하려면 질문을 던질 줄 알아야 하고 스스로 배우려면 실패를 견딜 줄 알아야 합니다. 그 모든 힘은 교사의 신념과 기다림 그리고 구조화된 피드백 속에서 길러집니다.

이 책은 그런 문제의식에서 출발했습니다. 화려한 수업 기술을 소개하기보다 탐구의 근육이 만들어지는 실제 과정을 담고자 했습니다. 학생이 스스로 사고하고 배움의 흐름을 만들어 가기 위해 어떤 환경이 필요한지, 교사는 어떤 언어와 태도로 비계를 세워야 하는지를 구체적으로 다루었습니다. 주도성은 가르치는 것이 아니라 함께 만들어 가는 관계 속에서 자랍니다.

IB의 핵심은 국제적 인증이 아니라 탐구를 삶으로 살아 내는 태도라고 믿습니다. 개념을 이해하고 의미를 연결하며 자신만의 관점을 세워 세상을 바라보는 힘, 그것이 IB가 말하는 학습자의 초상입니다. 저는 이 철학을 교실 속에서 어떻게 실천할 수 있을지, 그리고 어떻게 일상의 수업으로 녹여 낼 수 있을지를 오래 탐구해 왔습니다.

결국 이 책은 교실을 다시 사람의 자리로 돌려놓기 위한 시도입니다. 아이들의 생각이 자라나는 과정을 존중하고 교사의 말 한마디가 학생의 태도를 바꾼다는 사실을 잊지 않으려는 기록이기도 합니다. 수업의 본질은 화려함이 아니라 지속성에 있습니다. 배움이 스스로 일어설 수 있도록 돕는 교실, 그것이 제가 꿈꾸는 교육의 모습입니다.

저는 진정한 탐구를 이끄는 교사가 되고 싶습니다. 학생들이 교사의 시선을 의식하지 않아도 스스로 탐구할 수 있는 교실, 질문을 두려워하지 않고 자신만의 생각을 만들어 가는 교실을 꿈꿉니다. 이 책을 읽는 모든 교사분이 자신만의 속도로 그 길을 걸어가시길 바랍니다. 완벽하지 않아도 괜찮습니다. 중요한 것은 방향입니다. 교사가 탐구자로 서는 순간, 학생의 탐구도 함께 시작됩니다.

저자 소개

김재신 미술 교육 혁신, IB 교육의 빛을 밝히다

- 핵심: 미술 교육 혁신 선두 주자, IB 교육 멘토
- 기반: 대구외국어고등학교, 대구교육대학교 미술교육 석사
- 실천: IBEN, 대구 초등 수업 연구교사, 혁신적 탐구교육 적용
- 소통: SNS '팔레트교실' 운영, 온라인 교육 지평 확대
- 저술: 『보람 · 재신쌤의 미술견문록』(공저, 비상교육, 2023) 외 2권
- 수상: 수업혁신사례 1등급, 수업 연구대회 1등급, 교육감상, 교육부장관 표창 등
- 나눔: 전국 교육기관 연수 강사, IB 워크숍 리더
- 노력: 교육 콘텐츠 개발, 수업 연구, 교사 연수, 인성교육 정책 연구

이경은 IB 교육 혁신의 엔진, 함께 성장하는 교육 생태계 리더

- 핵심: IB 교육 혁명 주도, IB ON 창립, 전문가 네트워크 중심
- 헌신: 연 100회 이상 IB 연수 참여
- 지역사회 기여: 충북 개념기반교육연구회 자문위원, 교육과정 러닝크루 등 다방면 활동
- 전문성: TEE-Master, Global Tesol, 영어 말하기/수업 연구대회 수상, Google for Education Level 1 인증
- 리더십: IBeyond 회장, IB 전문성 공유, 협력적 공동체 문화 조성
- 수상: 교육부장관 표창, 다문화교육 우수상 등

정정미 유아교육, 새로운 가능성을 열다

- 핵심: 끊임없는 배움과 혁신, 유아교육 지평 확장
- 전문성: 한동대학교 IBEC 과정 이수
- 수상: 대구광역시 교육감상(수업 발표대회, 유아 교재교구전, 창작동화 구연대회 등), 보건복지부 장관상
- 경력: 유치원 원장 · 원감, 국악교육 지도자
- 활동: IB PYP 도입 · 운영, 교사 IB 연수 기획, 탐구 단위안 개발
- 실천: 유아 주도 놀이 중심 교육 연구, 공개 수업

정은미 IB 교육, 유아교육 혁신의 주역

- 핵심: IB 교육으로 한국 유아교육 혁신 주도
- 전문성: 한동대학교 IBEC 과정 이수
- 수상: 대구광역시 교육감상
- 활동: IB Early Years PYP PLT, 교사 IB 연수 기획, 탐구 단위안 개발
- 저술: 『IB 교육: 유치원에서 시작하는 교육 혁명』(공저, H-SQUARE, 2025) 외 2권
- 목표: IB 교육으로 창의력, 사고력, 문제 해결력, 세계 시민 자질 함양

아이들이 주인공이 되는 IB 교육

–팔레트 선생님의 아틀리에가 실천하는 IB 교육–

IB Education Where Everyone Leads

2026년 1월 20일 1판 1쇄 인쇄
2026년 1월 30일 1판 1쇄 발행

지은이 • 김재신 · 이경은 · 정정미 · 정은미
펴낸이 • 김진환
펴낸곳 • (주) 학지사
04031 서울특별시 마포구 양화로 15길 20 마인드월드빌딩
대표전화 • 02)330–5114 팩스 • 02)324–2345
등록번호 • 제313–2006–000265호

홈페이지 • http://www.hakjisa.co.kr
인스타그램 • https://www.instagram.com/hakjisabook

ISBN 978–89–997–3624-7 93370

정가 17,000원

학지사 HCG HAKJISA CONTENTS GROUP

학술전문출판 **학지사** www.hakjisa.co.kr
간호보건의학출판 **학지사메디컬** www.hakjisamd.co.kr
심리검사연구소 **인싸이트** www.inpsyt.co.kr
학술논문서비스 **뉴논문** www.newnonmun.com
교육연수원 **에듀카운피아** www.counpia.com
대학교재 전자책 플랫폼 **캠퍼스북** www.campusbook.co.kr